I0815033

EL PASO A PASO de la LEY de la ATRACCIÓN

El papel utilizado para la impresión de este libro ha sido fabricado a partir de madera procedente de bosques y plantaciones gestionadas con los más altos estándares ambientales, garantizando una explotación de los recursos sostenible con el medio ambiente y beneficiosa para las personas.

El paso a paso de la ley de la atracción

Primera edición en Colombia: enero, 2023
Primera edición en México: agosto, 2023

penguinlibros.com

Diseño de cubierta y páginas interiores:
Penguin Random House Grupo Editorial / Lorena Calderón Suárez
Vectores líneas destello: © starline / Freepik
Ilustraciones destellos: © rawpixel.com / Freepik
Ilustración estrellas de fondo: © kjpargeter / Freepik
Silueta persona (pp. 89, 91, 254, 260-263): © macrovector / Freepik
Modelo de la izquierda (p. 251): © brgfx / Freepik
Modelo de la derecha (p. 251): © Vectorian / Getty Images
Camisetas (p. 254): © brgfx / Freepik

ISBN: 978-607-383-401-8

Impreso en México – *Printed in Mexico*

thevortex*way*

ALEXANDRA NIZHELSKAYA

EL PASO A PASO de la LEY de la ATRACCIÓN

La guía para manifestar tus deseos ya no es un secreto

VERGARA

CONTENIDO

INTRODUCCIÓN

Nunca he creído en las casualidades, y sé que, si tienes este libro en tus manos, es porque estás listo para recibir su información. Porque has estado buscando estas palabras tanto como ellas te han buscado a ti, y ha llegado el momento en el que estás preparado para despertar la sabiduría que siempre ha estado latente en ti, pero no has sabido cómo acceder a ella.

Si estás leyendo este libro, es probable que hayas escuchado la frase "eres el creador de tu propia realidad" y tal vez hayas escuchado hablar sobre la ley de la atracción, bien sea porque viste la película o leíste el libro *El secreto*, de Rhonda Byrne, y, como la mayoría de nosotros, quedaste con muchas dudas de cómo funciona en realidad, o porque, de pronto, te topaste con uno de mis videos en YouTube y te llamó la atención el tema. En cualquiera de los casos, la ley de la atracción te trajo hasta este libro porque tú y el contenido que estás a punto de leer necesitaban encontrarse. Las palabras que hallarás aquí son solo una herramienta para que recuerdes quién eres en realidad. Para que conectes de nuevo con la energía de la que provienes y hacia la que volverás: el amor incondicional.

Quizás hay una parte de ti que, desde hace algún tiempo, viene cuestionándose. Tal vez tienes muchas preguntas y no has encontrado suficientes respuestas. Quieres saber si esto que estás viviendo es todo lo que tiene la vida para ti, si no hay algo más profundo y transformador, si no existe un propósito mayor para tu vida que te traiga el amor, la seguridad, la paz y las conexiones humanas que has estado anhelando desde hace tanto. Puede que le estés buscando el truco a la vida porque, hasta ahora, parece un poco confusa.

Esta es la respuesta que has estado esperando: sí hay más por vivir, sí hay una nueva realidad esperándote con sueños, aventuras, el trabajo que te haga querer levantarte con propósito a diario, el encuentro de almas con tu pareja, mucha más abundancia de la que te has permitido experimentar hasta ahora. Lo mejor de todo es que puede llegar a ti con facilidad y sin hacer un gran esfuerzo.

Pero lo más interesante es que, mientras más avanzas en este libro, vas a darte cuenta de que todos esos deseos y esas respuestas que has estado buscando ya están aquí y ahora, porque hacen parte de ti. No tienes que buscar nada, perseguir nada, luchar por nada ni esforzarte para conseguir nada, porque realmente NO TE HACE FALTA NADA; no necesitas arreglar nada porque no estás dañado, ni sanar nada porque no estás enfermo. Eres un ser completo, merecedor y suficiente. Y justamente la respuesta que vas a ir encontrando en este camino de despertar es que todo llega a ti cuando la búsqueda desaparece y dejas de esforzarte tanto por hallar resultados y respuestas afuera, y miras hacia adentro. Cuando empiezas a fluir más, a confiar más, a abrirte más a la infinita abundancia que te creó y al inmenso poder que habita en tu interior, que está siempre presente; cuando dejas de buscar magia y comienzas a agradecer la que ya existe; cuando te rindes ante la inteligencia que sostiene tu vida, que excede los límites de tu humanidad, es cuando por fin entiendes que eres el atractor de tu propia realidad y, por lo tanto, eres libre de elegir qué experiencia quieres vivir. No porque necesites ninguna experiencia en particular o porque te haga falta, sino porque ERES LIBRE.

Cuando lees estas palabras, ¿algo resuena en ti? Aunque no tengas claridad de cómo hacerlo en este momento, ¿crees que sería posible? Si es así, tu única tarea, por ahora, es abrirte a una nueva posibilidad y a creer que la vida no tiene que ser la repetición de tus patrones familiares. Que vivir en un estado de abundancia ES POSIBLE y puede estar disponible para ti, si te abres lo suficiente para recibirlo.

¿Cómo lo sé? ¡Porque lo he vivido! Porque yo fui esa persona que le estuvo buscando el truco a la vida durante muchos años, creyendo que no tenía sentido seguir viviendo, y buscando todas las formas para dejar de hacerlo. Y en el momento en que decidí tomar mi sufrimiento como mi mayor lección de crecimiento y expansión, me obsesioné con entender cómo YO y las historias que había decidido creer eran las que me habían estado convenciendo de que la vida era dura y difícil. Tomé la decisión de que, si me iba a quedar en este mundo, iba a hacer de mi vida una experiencia extraordinaria, y que, si lo lograba, iba a compartirla con todos los seres que estuvieran buscando una respuesta y estuvieran listos para ser los atractores conscientes de su propia realidad.

Y eso es este libro: la prueba de que aprendí a manifestar mi realidad con facilidad y que estoy dispuesta a enseñarlo a los oídos dispuestos y a las almas que estén listas para escucharlo. Este libro surge como el llamado de una chica común y corriente a expresar una mirada honesta, auténtica y personal a prácticas y conceptos que, cuando aprendí a vivirlos en carne propia, transformaron por completo mi vida y me enseñaron que no solo los iluminados pueden vivir la magia de la manifestación. En este libro, aparte de contarte conceptos científicos que logren convencer a tu mente analítica de que la ley de la atracción funciona, voy a compartirte cómo lo he vivido yo, desde mi experiencia personal, porque, aunque entenderlo con la mente es importante, sentirlo en el corazón es lo que te va a llevar a hacer verdaderos cambios en tu vida.

Siempre me han gustado los conocimientos sencillos que se puedan poner en práctica, porque si algo he aprendido es que de nada sirve tener la información en la cabeza si no la integras en tu experiencia. Por eso he creado este libro, para que lo uses como una guía, como tu manual de vida al que puedas regresar una y otra vez, cuando te sientas perdido o confundido y necesites claridad. La idea es que repases su contenido las veces que sea necesario.

Antes de empezar este hermoso camino de autodescubrimiento y despertar, debes saber que este proceso requiere COMPROMISO: un compromiso constante contigo mismo y con tu bienestar interior. Porque, desafortunadamente, tus programaciones mentales y el mundo que te rodea te van a distraer del verdadero camino para la manifestación: la responsabilidad radical de tu estado interior. El mundo, la sociedad, o como a mí me gusta llamarle, "la Matrix", te van a llevar a vivir en un estado de miedo y escasez, tus relaciones van a ser tu excusa para responsabilizar a las personas por las emociones que TÚ sientes, y todos los estímulos externos van a hacer que te enfoques en el mundo exterior, sobre el cual no tienes ningún tipo de control. Por eso es nuestro deber tener día a día el compromiso de mirar hacia adentro, lo lindo, lo feo y lo malo; mirarnos sin pena y sin miedo, porque si el conocimiento es poder, el conocimiento interior es poder personal. Para ayudarte a hacerlo, he creado ejercicios y compromisos a lo largo de este libro que te irán guiando en el camino hacia tu interior, y como nadie puede hacer el trabajo por ti, es importante que no solo leas este libro, sino que te sientes a hacer para poder empezar a SER.

Pero, como siempre digo, no me creas nada a mí. Experiméntalo tú y luego me cuentas cómo te va.

Si tienes este libro en tus manos, tómale una foto y etiquétame en @thevortexway. ¡Estaré reposteando todas las fotos etiquetadas! ❤

PASO 1

CONSCIENCIA

HACERTE RESPONSABLE

¿Qué pensarías si te digo que todo lo que has vivido, hasta ahora, ha sido un reflejo de tu estado interior? ¿Que todas las experiencias que has tenido en el mundo material son una expresión exacta de lo que llevas por dentro? ¿Que tú has atraído a todas y cada una de las personas que han pasado por tu vida, a las que has amado y a las que te han hecho muchísimo daño? ¿Que toda situación incómoda y tormentosa que has sufrido ha sido una correspondencia entre tus bloqueos energéticos y las enseñanzas que necesitas para evolucionar? ¿Que cada milagro ha sido también un reflejo de tu confianza y apertura de corazón? ¿Que tú eres el punto de partida en el que tu vida se desenvuelve, y que esto sucede gracias a la ley de atracción: la ley universal que está todo el tiempo atrayendo a tu vida experiencias que reflejan una energía igual a la que emanas desde tu mundo interno?

Pueden pasar varias cosas cuando escuchas estas palabras. Que no lo entiendas y pienses que no tiene sentido, porque "yo no pude haber atraído eso tan horrible a mi vida, yo no llevo eso por dentro... hay algunas cosas que de pronto sí las atraje, pero eso no, porque hay cosas que 'solo pasan' sin que yo haya ni siquiera pensado en ellas". Que te sientas mal, porque piensas, "yo soy el culpable de todo lo malo que me ha pasado" (olvidándote de que también has atraído lo positivo, y que no es cuestión de culpa, sino de una responsabilidad y un poder maravillosos). Que lo entiendas, pero no tengas muy claro cómo usar este conocimiento a tu favor. Que lo tengas muy claro y estés listo para descubrir cómo ahondar en las profundidades de la hermosa creación consciente de tu realidad.

Sea lo que sea que sientas, este entendimiento puede devolverte el poder de crear la vida de tus sueños si aprendes a conectarte con él. Podrías quedarte estancado toda la vida en la culpa, pero si así lo decides, estarías desperdiciando todo tu potencial, porque el primer paso para convertirte en un manifestador consciente de tu realidad es salirte del estado mental de víctima y tomar responsabilidad de tu propia vida.

Y fíjate que dije *estado* mental, no *condición, cualidad* o *característica intrínseca del ser*, porque ser una víctima es una decisión mental que tomaste mientras ibas creciendo. En algún punto de tu vida hiciste este acuerdo contigo: "cada vez que me pase algo que no me guste, que se salga de mi control, o que no entienda por qué pasa, voy a entenderlo como un castigo divino, como si me estuviera pasando a mí y yo no tuviera ni voz ni voto ni, sobre todo, INFLUENCIA al respecto".

De pronto, tomaste esa decisión porque, en varios momentos de tu vida, el hecho de sentirte como una víctima te ha servido para liberarte de la responsabilidad de hacerte cargo de tus emociones y pensamientos. Pero la verdad es que echarle la culpa a "la suerte", a que "la vida es muy dura", o a alguien más, es mucho más fácil que escuchar la enseñanza detrás de cada experiencia y usarla a tu favor, porque eso implica salir de tu zona de confort.

Y no creas que yo no he pensado que la vida es dura e injusta, porque a veces la siento así, pero hace algunos años, esa dejó de ser mi excusa para seguir viviendo en un estado de constante sufrimiento. La vida puede mostrarme la situación que sea, pero ahora sé que yo puedo tomar una actitud amorosa y responsable (no culpable) ante todo lo que me sucede, y que ahí reside mi poder.

EL ESTADO DE VÍCTIMA

Antes de empezar con el paso a paso para convertirte en el manifestador consciente de tu propia realidad, quiero contarte la historia de cómo una chica de veintisiete años terminó escribiendo un libro sobre la ley de la atracción y cómo este conocimiento llegó a convertirse en la base que le cambiaría la vida para siempre, tanto así que decidió entregarle su vida a llevarles el mensaje a cuántas personas le fuera posible. Y como en mi mente todo es posible, aquí me tienes.

Hace algunos años, en el 2016, estaba en la universidad estudiando un pregrado en Artes Visuales. En ese momento me consideraba una chica "común y corriente". Mi vida giraba en torno a mis estudios —por los cuales sentía una gran pasión, que aún siento—, mi familia —con la que siempre tuve una relación aparentemente "normal", pero en el fondo no muy sana y con mucho dolor de por medio—, mis amigos —a quienes siempre he considerado mi verdadera familia—, mis parejas —con quienes yo creía que era muy feliz, pero luego me di cuenta de que en realidad eran un reflejo de mi bajo nivel de merecimiento— y mis inseguridades —que, aunque me han acompañado toda la vida, he aprendido a relacionarme de una manera diferente con ellas—.

Antes de empezar mi tesis de grado tenía que aprender a hablar inglés, y como estaba a punto de graduarme, dije, "no me voy a meter a clases de inglés porque me voy a demorar cinco años en aprender y necesito graduarme ya (la paciencia nunca ha sido mi mejor virtud), así que mejor me voy a ir a Estados Unidos a trabajar como niñera, y allá miro cómo me las arreglo para aprender". Eso sonaba como una buena idea en mi cabeza, hasta que llegué allá...

Yo siempre he sido muy viajera. Antes de eso, había vivido en España seis meses y había recorrido Europa de mochilera sin ningún problema. Pero ahora, en Estados Unidos, todo fue muy diferente, porque no iba de paseo, y esta vez la vida tampoco quería darme una lección fácil, sino más bien una de esas que duelen lo suficiente como para abrir los ojos de una vez por todas. Y como el universo es tan buen maestro, te va a repetir la lección hasta que la aprendas.

Al llegar a Sacramento (California) me encontré viviendo con una familia que no conocía, en un país cuyo idioma no hablaba, en un trabajo que nunca había ejercido, teniendo que cuidar a unos niños que al inicio me odiaban; en una cultura desconocida y lejana para mí, y me di cuenta de que estaba viviendo en el cuerpo de una completa extraña: yo misma. En ese momento no entendía que ese tiempo tan oscuro en mi vida iba a ser lo que me permitiría tener mi primer despertar de consciencia.

Era mi tercer día de trabajo como niñera, viviendo en la casa de los niños a los que cuidaba, y ya llevaba tres días llorando sin parar. No entendía nada de lo que me decían, hacía todo al revés porque no comprendía el idioma y me sentía perdida y desesperada.

En este tiempo vino a visitarme una nueva amiga —que aún no conocía— que le daría una vuelta de ciento ochenta grados a mi vida. Su nombre completo es "Trastorno de ansiedad generalizada", pero sus amigos más cercanos le pueden decir solo "ansiedad".

La ansiedad llegó a mi vida sin que yo supiera que había llegado. Porque no la conocía, nunca la había experimentado y no sabía que tenía nombre propio. Para mí solo era una sensación nueva y horrible que me hacía pensar todo el tiempo en formas de quitarme la vida, porque sentía que me estaba muriendo lenta y dolorosamente, todos los días.

Como no sabía qué sucedía, decidí recurrir al mecanismo de defensa que había utilizado toda mi vida: la evasión, hacer como si nada me estuviera pasando y distraerme de alguna manera. Lo grave fue que mi dolor interior era tan fuerte que usar las redes sociales para distraerme no fue suficiente, así que tuve que usar algo un poco más fuerte. Y aunque por fortuna no caí en el uso de drogas, sí empecé a comer de manera compulsiva y desarrollé un trastorno alimenticio que se llama trastorno por atracón, en el que comía y comía sin parar hasta que no podía más, y luego dejaba de comer por uno o dos días, porque me sentía muy culpable.

Al mismo tiempo, el acné severo con el que llevaba viviendo durante más de doce años empeoró más que nunca. Aparte de sentirme ansiosa en mi interior, por fuera me veía disminuida y sin luz, me sentía insegura, fea, y puesto que creía que mi valor como ser humano dependía por completo de cómo me veía, sentí que no valía nada.

No te cuento todo esto para que pienses que ahora mi historia sí tiene validez porque pasé por un momento horrible en mi vida, porque de una manera u otra todos hemos estado ahí, en las sombras, viviendo desde "la noche oscura del alma", sin saber hacia dónde escapar. Te lo cuento porque en ese momento yo me sentía 100%, y sin duda alguna, como una víctima. Como la mayor víctima de las víctimas, como la mamá víctima, como una victimota.

¿Por qué a mí, si yo he sido tan buena persona?, era mi pregunta diaria. ¿Por qué me pasan estas cosas a mí? ¿Por qué no puedo sentirme y verme "normal"? ¿Por qué no puedo sentirme segura, estable y tranquila? ¿Por qué tengo que pasar por todo esto?

Ya llevaba tres meses trabajando como niñera, y desde el día en que la "noche oscura de mi alma" empezó, todo había seguido empeorando: tenía atracones de comida y ataques de ansiedad a diario; había varios días en los que estos se convertían en ataques de pánico y, como sentía que me iba a morir, me desmayaba. Mi acné se agravó, y también los pensamientos suicidas. Todo esto mientras cuidaba a dos niños pequeños durante diez horas al día.

Entre todo este caos, un día pensé, "si esto no me mata, me hace más fuerte", y como no tenía las agallas suficientes para quitarme la vida, un día dije: tengo que aprender a fortalecerme. En ese momento recordé que mi hermana me había hablado mucho de la meditación, y aunque yo siempre había pensado que eso era solo para hippies o para personas "con problemas", comencé a meditar como si fuera un acto de vida o muerte, y se convirtió en la práctica más importante de mi vida. En la meditación encontré un refugio seguro, y a pesar de no tener muy claro del todo cómo funcionaba, me obsesioné con aprender a hacerlo. Al inicio fue algo difícil, pero poco a poco me fui entrenando en la maravillosa habilidad de observar mis pensamientos con consciencia, sin identificarme con ellos.

Un día, después de una jornada horrible de trabajo, mi mente estaba en blanco y "me llegó" la pregunta: ¿qué pasaría si yo fuera la creadora de mi realidad? ¿Qué pasaría si yo estuviera atrayendo todo lo que estaba pasando en mi vida? Y de inmediato, me interrumpió otro pensamiento:

estás loca, ¿quién en sus cinco sentidos estaría atrayendo tener acné y verse así de horrible, o estar ansiosa, tener un desorden alimenticio y estar en una situación de vida tan incómoda? Nada que ver. Y de nuevo, dejé mi mente en blanco y me volvió a "llegar" otra pregunta: ¿qué pasaría si fuera mi alma quien me estuviera llevando a vivir todo esto para que yo pudiera despertar? ¿Para que me viera a mí misma y me pudiera hacer responsable de mi propia vida?

Ahora, te lo pregunto a ti: ¿qué pasaría si fuera tu alma quien te estuviera llevando a vivir la realidad que vives para que puedas despertar? ¿Para que puedas verte a ti mismo y puedas hacerte responsable de tu propia vida? ¿Qué pasaría si la situación dolorosa fuera tu mayor bendición y guía?

A partir de ese momento empecé a entender que, detrás de cada experiencia, hay un aprendizaje más profundo que tu alma necesita enseñarte para fortalecer tu carácter y para mostrarte el camino de alineación con la energía de amor incondicional, muchas veces a través de la crisis, el problema o la oscuridad. Es nuestra elección aprender la enseñanza con coraje, valentía, escucha y apertura, y rediseñarla para nuestro mayor beneficio, o quedarnos sufriendo la lección toda la vida.

Lecciones difíciles va a haber muchas, pero he comprendido que no tengo que sufrir en el proceso. Que, de hecho, puedo disfrutar cada paso como parte de la evolución. Imagina que compras un videojuego en el que apenas entras a jugar ya ganaste y no hay ningún reto por superar, ningún nivel que avanzar, ni puntos por lograr. Aburrido, ¿no? Lo interesante es el proceso de evolución. Y como de nuestra evolución biológica se encargan nuestros genes, nosotros vamos a hacernos cargo de nuestra evolución interior. O, como prefiero llamarla yo: la REVOLUCIÓN interior.

LOS CUATRO NIVELES DE CONSCIENCIA

Jenny Dsouza nos cuenta que Michael Beckwith, autor y ministro del Nuevo Pensamiento dice que el estado de víctima es uno de los cuatro niveles de consciencia en los que puedes estar. Estos niveles nos ayudan a observar qué tan conscientes somos de que la realidad es un espejo de nuestro estado interior, y qué tan alineados estamos con el amor, en vez del miedo.

Nivel 1. La víctima: La realidad me pasa a mí

En este nivel, toda tu vida se basa en el mundo que te rodea, en el mundo exterior. Crees que la vida te pasa A TI y no PARA TI. Te basas en el mundo cognitivo de las ideas, crees 100% en las leyes creadas por los seres humanos y te dejas llevar por el mundo que te venden: por la cultura, la política, la sociedad, la religión y el sistema educativo.

En este estado, crees que todo lo que ves en las noticias es la única realidad, en vez de ser una curaduría perfecta de información que te lleva a tener ciertas creencias de miedo, escasez y carencia. Crees que el sistema educativo es "como debería ser", en vez de cuestionarte por qué educar niños obedientes y domesticados ha sido siempre más importante que educar niños felices y conectados con el amor, y por qué no les enseñan sobre inteligencia emocional y espiritual a los estudiantes en las escuelas.

Vives en un estado de reacción, juicio y supervivencia, en donde juzgas la realidad como buena o mala, y eres manipulable en extremo, porque en este nivel no cuestionas las normas de la sociedad y solo crees en lo que experimentas con tus cinco sentidos. Piensas que no tienes influencia sobre lo que te pasa y que no puedes hacer nada para cambiar tus circunstancias. En este estado se encuentra la mayoría de la humanidad, aunque puedo intuir que, si estás leyendo este libro, lo más probable es que no te encuentres ahí, o que estés intentando salir de allí cuanto antes.

Nivel 2. El manifestador: La realidad pasa porque yo la creo

En este nivel, vives en el mundo que eliges y comienzas a cuestionarlo TODO. ¿Por qué tengo que estudiar una carrera? ¿Por qué tengo que trabajar de 8 a 5 todos los días de mi vida, hasta jubilarme a los sesenta años? ¿Por qué tengo que creer en una religión que me culpabiliza por sentirme libre? ¿Por qué tengo que creer en los estándares de belleza que las redes sociales me venden? Te preguntas si la pandemia fue un conjunto de hechos desafortunados, o si en realidad fue un mecanismo de control para mantenernos vibrando en miedo. Te das cuenta de que vivimos en una

Matrix y que estamos siendo programados con frecuencia por el mundo que nos rodea.

Te encuentras en el mundo que puedes y decides crear porque aprendes que tienes la libertad de ELEGIR, que puedes dirigir el curso de las experiencias de tu vida y que no estás limitado por tus circunstancias. Cuestionas incluso tus propias creencias y comprendes que tú no fuiste su creador, sino que estas te crearon a ti. Entiendes que la vida está pasando PARA ti y no A ti, que cada vivencia es una oportunidad para expandirte. En este nivel, estás en el estado de manifestador, en el que empiezas activamente a pensar en positivo y a tener prácticas como la visualización creativa, definir intenciones, hacer afirmaciones y tomar acción masiva hacia los sueños que quieres lograr; sobre estas ahondaremos más en los siguientes capítulos.

Este fue el estado en el que entré en Estados Unidos, cuando me pregunté por primera vez qué pasaría si yo fuera la creadora de mi realidad. Uno entra a este nivel cuando comienza a descubrir quién es en verdad, sin la influencia del mundo exterior, y sabe que puede elegir creer quién quiere ser y qué le gustaría vivir.

Nivel 3. El canalizador: La realidad pasa a través de mí

En este nivel, vives desde el mundo dentro de ti y caminas cada vez más hacia tu verdad interior, desapegado del ego y conectado con tu corazón. En este estado, dejas de tener metas y planear objetivos de tu propia creación y comienzas a ser un canal para lo que se tenga que manifestar/experimentar a través de ti, a escuchar en profundidad a tu intuición, pidiendo respuestas desde una fuente superior a ti. Dejas de sentir que tienes que hacer que las cosas sucedan y, en cambio, te quitas del camino para dejar que sucedan a través de ti, sin la interferencia de tus deseos personales. Entonces, tus acciones diarias no estarán enfocadas hacia "YO quiero lograr esto y puedo lograrlo", sino hacia "¿Qué tiene que ser logrado a través de mí? ¿Cuál es mi propósito en la vida? ¿Para qué fui traído a esta experiencia humana?".

Empiezas a entregar tus intenciones desde una inspiración profunda y superior y comienzas a tener prácticas trascendentales que te conectan con tu mundo interior y tu divinidad: meditación, ejercicios de respiración, oración, escritura, ejercicios de creatividad, activaciones. De estos también hablaremos más adelante.

En este estado, te vuelves una vasija dispuesta a recibir lo que tiene que ser manifestado a través de ti, en vez de moverte hacia tus propios deseos del ego. Te conviertes en un vehículo de la consciencia universal y comienzas a entregarle tu vida con devoción a esta consciencia. Es un estado de completa autenticidad y unidad con la divinidad.

Nivel 4. Ser la consciencia: La realidad pasa como soy

En este nivel, estás conectado constantemente con la divinidad y llegas a la disolución total del ego. Te vuelves consciente de que eres uno con el todo. Que eres un ser eterno que no está atado a este personaje humano. Tu primera prioridad se convierte en el servicio a los demás, porque rompes la idea de que existe la separación entre tú y el mundo que te rodea. Entiendes que haces parte de la misma consciencia que creó el universo, y te sientes más conectado con todos y todo lo que existe a tu alrededor.

Entras en un estado de completa compasión por todos los seres, y solo quieres servir sin esperar nada a cambio. Tu mayor recompensa es la sensación que tienes al servir a otro ser humano. Vives desde y por el amor.

Empiezas a tener un sentido de conexión profunda con todo lo vivo, porque entiendes (con la experiencia y no con la razón) que todos somos uno. Que si te duele, me duele; que si te hiero, me hiero. Vives desde la intuición y la inspiración divina que mueve cada una de tus acciones.

Particularmente no me gusta pensar en el despertar de consciencia como un concurso o una competencia en el que hay "niveles" en los que tú estás por debajo de mí y eres "menos despierto que yo", porque esa es solo otra trampa del ego. Podemos usar la información de los niveles de consciencia no como una estrategia de comparación con los demás, sino como una herramienta útil para reconocer en dónde estamos y hacia dónde queremos evolucionar.

Algo que a mí me pasa es que con frecuencia me muevo de un nivel a otro, y es completamente normal; a veces volver al estado de víctima es necesario para despertar de nuevo, con más fuerza, porque para mí el despertar ha sido un proceso en el que doy dos pasos hacia adelante y uno hacia atrás. Es un camino en el que tengo que practicar estar presente todo el tiempo. No es algo que logras una vez, y ya, sino que es una práctica diaria.

¿En cuál nivel consideras que estás tú? ¿Eres un creador consciente? ¿O te sientes una víctima y dejas que la vida te pase a ti? ¿En cuál sientes que estás listo para evolucionar?

Lo más probable es que, si llegaste a este libro, estés del nivel 2 en adelante y que recibas esta información con facilidad, tomes lo mejor de ella y la utilices a tu favor. Si estás en el nivel 1, tal vez esta información te parezca nueva y rara y pienses que este no es más que uno de esos libros de teorías "espiritualoides". Pero, de pronto, en el mejor de los casos, algo de lo que digo te quede sonando y empieces a cuestionar la realidad que has experimentado hasta ahora.

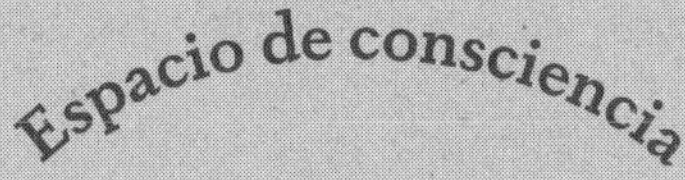

Ahora, quiero invitarte a que uses este espacio para reflexionar sobre tu vida y poner en el papel algunas cosas que irás descubriendo sobre ti.

Escribe las situaciones en las que te has sentido como una víctima, en las que no entendiste por qué tuviste que vivir esa experiencia, y, luego de un tiempo, comprendiste el propósito mayor de por qué todo sucedió como debía. **Ejemplo: No entendía por qué todo tuvo que terminar así con Carlos, y luego me di cuenta de que era una relación en la que yo me conformé, porque creía que no merecía nada mejor, y me dio la oportunidad de amarme más a mí misma y aprender a poner límites sanos. Luego, pude atraer la hermosa relación que ahora tengo con Juan.**

Describe una situación que actualmente no entiendes, en la que aún te sientes como una víctima. **Ejemplo:**

No entiendo por qué mi jefe me habla de esa manera tan agresiva.

Pon las manos sobre tu corazón y pregúntate: ¿cuál es la enseñanza detrás de esta situación? ¿Cómo esta situación me está ayudando a expandir mi carácter? ¿Cómo esta situación es una bendición? **Ejemplo: Sé que, en general, me cuesta mucho expresar mis necesidades, y sé que la vida me puso esta situación enfrente para que yo aprenda a ser más asertiva, frentera, y pueda expresarme abierta y vulnerablemente con lo que siento.**

¿Cómo puedo usar esta situación a mi favor? **Ejemplo: Poner límites y ser clara con lo que tolero o no en mi vida, amarme más y saber que merezco ser tratada siempre con respeto.**

¿Cómo se ve mi mejor versión en esta experiencia?
Ejemplo: Clara con lo que siente y sin miedo a comunicarlo. Como una mujer que se conoce, que escucha sus necesidades y aprende a valorarse, antes de valorar a nadie más.

____

____

____

____

LA DIFERENCIA ENTRE CULPA Y RESPONSABILIDAD

¿Qué pasa si durante toda mi vida he estado en el estado de víctima? De pronto, he tenido atisbos de creer que tengo influencia sobre lo que pasa a mi alrededor, pero no he sabido muy bien cómo hacerlo y siempre caigo en el juicio y la culpa.

La culpa dice, "soy culpable de lo que pasó, merezco sufrir y castigarme de por vida". La responsabilidad dice, "es lo que es; esta situación está sucediendo en este instante y me está sirviendo como un espejo para ver las emociones que estoy sintiendo; me está permitiendo verme a mí mismo, y volverme cada día más alineado con mi mayor fuente de poder. Puedo elegir aprender la lección que esta experiencia me deja, elegir verla con amor, y, así, atraer otra situación más disfrutable".

¡La responsabilidad es la cura para salir del estado de víctima! La consecuencia de estar leyendo estas palabras es entender que tu vida es tu responsabilidad, y que TODA la realidad que viviste en el pasado y que estás experimentando en la actualidad es un reflejo de tu estado interior. De tus creencias, pensamientos y emociones, de qué tan conectado estás o no con el amor.

La responsabilidad te libera porque te da el entendimiento de que lo que te causa sufrimiento NO es lo que te pasa, no son las situaciones, no son las personas ni las circunstancias, sino tu actitud frente a ellas. Al no aceptar lo que sucede como una oportunidad para verte a ti mismo y tomar responsabilidad para crecer y alinearte, es ahí cuando se genera disonancia en tu interior y, por lo tanto, se manifiesta menos bienestar en tu realidad. La responsabilidad te hace mirar hacia adentro para encontrar paz, felicidad y armonía, y te libera de las situaciones que suceden a tu alrededor porque ya no les entregas tu poder personal.

El primer paso que di para ser la atractora consciente de mi realidad fue tomar consciencia sobre mí misma, en cada momento de mi vida. Me empecé a volver consciente de cómo había influido o estoy influyendo en la realidad que he experimentado o experimento en este momento presente. Antes de culpar a algo o alguien fuera de mí, me pregunto: ¿cuál fue mi parte? Y eso suena fácil cuando la realidad es linda y amorosa, pero cuando me enfrento ante situaciones desagradables, es un poco más difícil hacerse responsable.

Uno de los aspectos más difíciles para traer a mi consciencia fue la relación con mi familia, porque son ellos a quienes les he dado el mayor permiso de controlar mi estado emocional, y es muy fácil usarlos como excusa para mi desalineación con la fuente de amor. Es muy fácil culparlos por "haberme creado todos mis traumas en la infancia", porque "por ellos tengo mis creencias limitantes". Y algo que entendí (o que decidí) es que ellos no son mi excusa, sino mi razón y mi motivación para crecer y alinearme con el amor. Si no me enseñaron a poner límites cuando era pequeña, es mi oportunidad para aprender a ponerlos; si en algún momento abusaron de mí emocionalmente y no me enseñaron a amar, es mi oportunidad para valorarme y no tolerar menos de lo que merezco. Es mi oportunidad para aprender qué es el amor y qué se hace pasar por amor, escondido detrás de una máscara de miedo, apego y dependencia. Si me enseñaron que vivir en abundancia es un estado en el que solo unos pocos privilegiados pueden estar, es mi oportunidad para creer que yo hago parte de ese selecto grupo de personas abundantes y que la abundancia no es un privilegio, sino un estado del ser.

Al final de cada capítulo encontrarás una serie de afirmaciones que te ayudarán a reafirmar una nueva realidad para tu mente subconsciente y un nuevo compromiso interior. Repítelas en voz alta mientras las lees, lo ideal es hacerlo todos los días, por veintiún días seguidos.

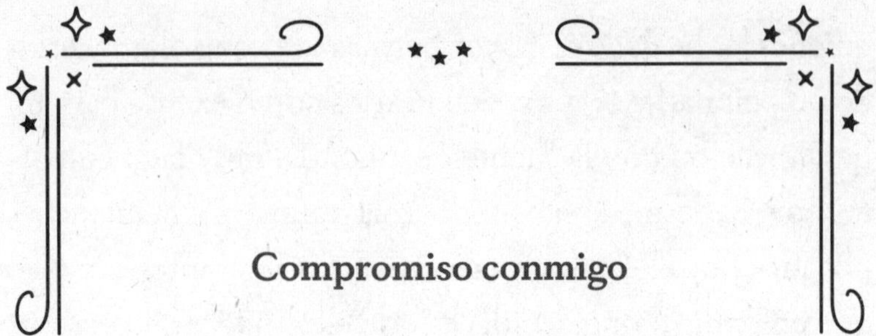

Compromiso conmigo

Desde hoy hago de las situaciones difíciles mi razón para crecer y no mi excusa para sufrir.

Desde hoy entiendo que TODO pasa por un propósito mayor.

Me hago responsable de mi parte en la creación de mi realidad.

Me rindo ante la gran sabiduría universal.

Empiezo a ver la vida como un gran plan divino de expansión.

Dejo de pelear con las situaciones que suceden en mi realidad y empiezo a aceptarlas como son. Aprendo a usarlas a mi favor, para la mayor expansión de mi alma.

Son una oportunidad para conectarme con mi versión más elevada, más valiente y cercana al amor.

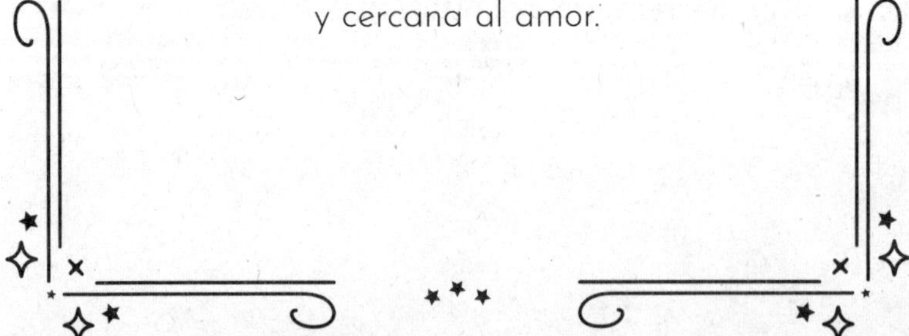

PASO 2

CO-CREACIÓN

ENTIENDE QUIÉN ERES Y QUÉ HACES AQUÍ

Probablemente en este momento estés pensando: "bueno, Alex, ya dame los tips, los pasos, las claves para manifestar lo que quiero. Dame la salsa secreta de la ley de la atracción". Ten por seguro que te la voy a dar, pero antes de hacerlo, voy a sentar las bases para que comprendas cómo jugar este juego de la vida, y para eso es importante que entiendas quién eres y qué haces aquí. Porque imagínate que te lanzo a jugar un videojuego sin decirte de qué se trata, cuáles son los personajes, las misiones y las metas; tal vez podrías descubrirlo en el camino, pero es más fácil si te doy las instrucciones desde el inicio, ¿cierto? Si sigues creyendo que la ley de la atracción se basa en "tener algo que no tienes", "arreglar algo que está mal" o "controlar tus resultados", va a ser muy difícil para ti el proceso de manifestación. Hay algunos factores que me ayudaron a comprender que, tal vez, manifestar es mucho más fácil de lo que yo creía.

EL ERROR MÁS COMÚN: CREER QUE ESTÁS SOLO

Primero voy a contarte el error más grande que cometí cuando empecé a aprender sobre la ley de la atracción. Cuando empecé este camino, hubo una gran confusión que dominó mi mente por varios años, que me llevó a creer que mi vida estaba bajo "mi control"; como mi realidad era un reflejo de mi interior, pensaba que era yo quien debía controlar todo lo que sucedía a mi alrededor, y, de no ser así, al obtener un resultado indeseado o al no manifestar con rapidez o exactitud lo que quería, sentía que estaba "haciendo algo mal" y estaba "fallando" en mi despertar de consciencia.

Esta confusión me hizo creer que yo tenía el control sobre todas y cada una de las experiencias de mi vida, que era yo quien hacía que las cosas sucedieran, o no. Y aunque pensar así muchas veces me llevó a tomar acciones muy positivas que me sacaron de mi zona de confort, también me creó grandes cantidades de frustración, desilusión y dolor, porque, por supuesto, seguí viviendo experiencias difíciles y dolorosas, aunque estuviera muy enfocada en lo que quería crear. Es decir: no por el hecho de entrar en este nuevo conocimiento todo fue "color de rosa". La vida se volvió muy difícil, porque cada vez que algo no salía como yo esperaba, o tardaba mucho en darse, me recriminaba diciendo que era mi culpa, porque "yo lo había atraído". De la misma manera, cuando algo positivo me pasaba, en vez de tener una actitud de gratitud, siempre sentía una sensación de insatisfacción y de querer más, como si nada fuera suficiente. Y creo que la mayoría de las personas a las que "no les funciona la ley de la atracción" también se encuentran en esta gran ilusión.

Cuando estaba viviendo en Estados Unidos y por primera vez me pregunté lo que sucedería si yo fuera la creadora de mi realidad, comencé a intentar CONTROLAR todo lo que pasaba por mi cabeza. Y lo único que encontré fue más frustración e impotencia, pero sobre todo CULPA. Pasé de sentirme una víctima de la realidad a sentirme culpable por estar creando una realidad desagradable para mí.

La palabra clave aquí es CONTROL. Si tú crees que tu vida está bajo tu control, o si estás leyendo este libro porque quieres "controlar" alguna situación específica, u obtener algún resultado bajo la idea de que tiene que salir como TÚ lo deseas, no solo vas por el camino de menor bienestar y de mayor sufrimiento, sino que va a ser MUY difícil manifestar para ti.

¿QUIÉN ES "DIOS"?

Antes de que salgas corriendo al leer la palabra *Dios*, ¡no te preocupes! No vamos a hablar de ninguna religión específica, sino de un concepto y, sobre todo, de una energía universal. Y si, por el contrario, eres muy creyente de alguna religión, tampoco te angusties: puedes leer este libro y seguir teniendo tus creencias sin problema, pues te darás cuenta de que la esencia que abordaremos aquí no implica que debas abandonarlas.

En el capítulo anterior entendimos que no eres la víctima de tu vida, sino el personaje principal, pero entonces, ¿quién es el director general de la película? ¿Quién se encarga de que todo suceda? ¿Quién consigue los recursos necesarios? ¿Quién coordina toda la logística para hacer tu película realidad? ¿También tú? Parece un montón de trabajo, ¿verdad? Suena como si hubiera un montón de variables en el proceso que se te pueden salir de las manos.

Pero te tengo buenas noticias: ¡este proceso de manifestación no lo vas a hacer solo! Una de las premisas falsas a la hora de manifestar, es pensar que eres solo tú quien crea tu realidad. Pues fíjate que no, mi ciela: eres tú quien la atrae, eres tú quien la permite, eres tú quién se abre a ella, eres tú el responsable de alinearte con su energía y eres tú el protagonista, pero quien se encarga de mover todas las piezas más allá, en el plano cósmico, es una energía que, aunque la llevas por dentro, y hace parte de ti, es infinita, inexplicable y mucho más poderosa de lo que nuestras pequeñas mentes humanas pueden imaginar. Va más allá de tu ego y más allá del miedo, es una energía que fluye a través de ti y de todo lo que existe, que en realidad es la esencia de quien eres. Está siempre presente, te acompaña y te sostiene.

Algunos le han llamado Dios, el gran espíritu, el Tao, el universo, la consciencia universal. Llámalo como quieras en tu mente, pero tenlo muy presente, porque sin la concepción de que esta energía nos sostiene, nuestro camino de despertar va a ser muy complicado.

Te sugiero que busques una forma de nombrarla con la que te sientas cómodo, que esté cerca de tu corazón, que se sienta como la energía más amorosa que existe.

Con el propósito de facilitar el entendimiento de este libro, yo le llamaré LA FUENTE. Me gusta llamarla así porque la imagino como una fuente o una cascada de agua cargada de amor incondicional y energía inagotable que fluye constantemente hacia todos nosotros, y es nuestra elección si nos abrimos a recibirla y permitimos que nos bañe con su amor, o si nos ponemos un corcho o un tapón que detenga su flujo. Entonces, cada vez que yo escriba LA FUENTE, tú puedes reemplazarlo por el nombre que más resuene contigo.

¿Cómo prefieres llamar a la Fuente? **Ejemplo: Dios, La divinidad, La diosa, la gran madre, el gran padre, el gran madre-padre.**

____

____

____

____

Hagamos este ejercicio: inhala por la nariz, tomando la mayor cantidad de aire que puedas en tus pulmones, y retén el aire dentro... retén el aire un poco más... más... más... Retén lo más que puedas y no sueltes el aire... Vas a ver que, después de un tiempo, llega un punto de quiebre en el que, sí o sí, debes respirar de nuevo. Esto sucede de manera automática, al igual que cuando respiras en el día a día, que no tienes que estar pensando en respirar para que suceda. Ahora, probemos lo siguiente: intenta, de manera consciente, hacer que tu corazón deje de latir. Inténtalo con más fuerza... vas a notar que, aunque con tu atención puedas disminuir un poco el ritmo de tus palpitaciones, no puedes detenerlas. Lo mismo pasa con todo tu organismo: tus órganos siguen funcionando y sigues respirando sin que tengas que hacer nada para que suceda.

¿Por qué, si tú eres el creador de tu realidad, no puedes dejar de respirar a propósito y hacer que tu corazón deje de latir? La ciencia, a esta parte de tu organismo, la llama el "sistema nervioso autónomo". Es autónomo porque pasa de manera automática, sin que hagas nada para que ocurra. Para mí, esto no solo es un aspecto de nuestra biología, sino que va mucho más allá. Es una energía que vive dentro de todos nosotros y dentro de todo lo que existe, que mantiene las cosas fluyendo, que hace que todos nuestros sistemas, ecosistemas y cuerpos sigan funcionando en bienestar; que sostiene tu vida y la de todo lo que existe; que hace que el planeta Tierra siga girando, que el sol salga todas las mañanas y se oculte en las noches, que las plantas sigan creciendo; que mueve las olas del mar, que sostiene el centro de gravedad en la Tierra y que hace que tu corazón siga latiendo en un ritmo perfecto. Esta energía hace parte de un aspecto mayor de tu vida que excede los límites de tu razón y de lo que es en apariencia visible, porque excede la materia, el entendimiento lógico y lo conocido o predecible.

Cuando hablamos de la ley de la atracción, es importante entender que no estás aprendiendo solo un método, sino que estás entrando en un camino de expansión espiritual, comprendiendo que tú te encargas de elegir el qué (porque tienes libertad de elección y un sistema de guía, del que hablaremos en profundidad más adelante), y esta energía de amor se encarga del cómo. Es importante que, si estás leyendo este libro, te abras a la posibilidad de creer que existe algo más grande que esta versión que conoces de ti mismo en tres dimensiones. Que existe una consciencia que sostiene tu vida, porque, aunque en gran parte la ley de la atracción es un tema de empoderamiento personal y responsabilidad sobre nuestras elecciones, no estamos haciendo este trabajo solos; hay situaciones, oportunidades, soluciones, ayuda, relaciones y sanaciones que no podemos planear ni orquestar desde nuestra humanidad, pero que, si nos abrimos con total fe y confianza ante la ayuda y los milagros divinos, podremos recibirlos en nuestra experiencia humana.

Vamos a imaginarlo como si fuera un celular (tu vida) con el que puedes elegir a quién llamar (oportunidades y deseos), pero para que la llamada pueda realizarse, tiene que pasar por el satélite que permite que la llamada suceda (la Fuente); de otra manera, el celular no sirve para nada. Otra metáfora que me gusta mucho y me ayuda a entenderlo con facilidad es como lo describe Marianne Williamson en su libro *Volver al amor*, en donde propone que Dios o la Fuente es la electricidad que corre por toda la casa, y nosotros somos las lámparas. La electricidad siempre está disponible y es nuestra elección si nos enchufamos a ella o no. Podemos producir una cantidad de luz maravillosa que ilumine toda la habitación, pero si no nos conectamos a la Fuente de electricidad (de amor), la lámpara, sin electricidad, no ilumina.

Describir la Fuente es como hablar del silencio; es contradictorio e imposible de entender hasta que lo experimentas. Yo no soy nadie para hablar de Dios, y si algo he aprendido, es que nadie sabe nada de esta energía infinita hasta que la experimenta interna y personalmente. Siento que mis palabras siempre serán insuficientes para hablar de algo tan inexplicable y sagrado; sin embargo, he encontrado que, cuando mi mente racional lo entiende, es más fácil para mí alinearme y conectarme con ella. Por eso te quiero compartir lo que he aprendido de la Fuente durante estos años.

1. Es amor INCONDICIONAL e infinito. Si quieres un sinónimo para la Fuente, es AMOR. No el amor apegado, como nos lo han vendido y enseñado en la sociedad, sino el amor de verdad: sin límites, noble y compasivo. Si quieres un atajo para conectarte con la Fuente, conéctate con la energía del amor. Algunas de mis preguntas favoritas para conectar con el amor son: ¿Qué haría el amor en esta situación? ¿Cómo podría ver esto con ojos de amor? ¿Cómo podría amar más en esta situación?

2. Está SIEMPRE presente. No existe ni en el pasado ni en el futuro. La Fuente se encuentra siempre aquí y ahora, y es el único tiempo en el que puedes conectarte con ella. En este momento presente, tu vida está siendo sostenida, tu corazón sigue latiendo y sigues respirando; por eso, el único instante en el que puedes conectarte con el amor es aquí y ahora.

3. La NATURALEZA es una de las formas más fáciles en las que puedo entender la presencia de la Fuente: cuando miras las nubes, por ejemplo, antes de que las racionalices con tu mente —qué linda nube, qué fea, qué lenta, qué blanca—, antes de que en tu cabeza puedas describir la nube, cuando solo la observas y estás en un estado de contemplación profunda, puedes sentir la "energía" de la nube sin racionalizarla, solo la sientes y la experimentas en presencia. Esta energía pacífica y sagrada es la energía de la Fuente. Lo mismo sucede con el río, el mar, el árbol, el Sol, la Luna, la flor, o cualquier elemento de la naturaleza.

4. La Fuente SIEMPRE está disponible para ti, y te mira con frecuencia. Eres tú quién decide si mirarla de vuelta o no, eres tú quien entra y sale de su amor, pero ella es permanente. El principio de tu vida es la libertad; por eso, puedes elegir intencionalmente si acercarte o alejarte de ella, pues nunca va a forzarte para que la experimentes: va a estar siempre disponible para cuando tú elijas acercarte. También me gusta imaginar a la Fuente

como el Sol: puedes cerrar los ojos y dejar de verlo, o incluso puedes esconderte en una cueva, pero no por eso el Sol va a dejar de existir. Es tu elección si decides mirarlo, dejar que su luz te ilumine y su calor te caliente, o esconderte de él. Tú eres siempre libre de escoger si te alineas con su energía o no, si decides abrirte a su misterio y a su amor, o no.

5. Lo único que tienes que hacer para acercarte a ella es tener la INTENCIÓN de recibir su amor dentro de ti. El esfuerzo no es una característica que te ayude a acercarte a su esencia, porque está siempre presente, así que no es algo que BUSCAS, sino algo que PERMITES. Mientras más confías en su amor, más cerca de ella estarás. La fe, la rendición y la aceptación son virtudes que te acercan a su esencia.

6. Siempre me da lo que necesito. Si no fuera así, no estaría viva. Siempre me provee con los recursos, la ayuda, las señales, la guía, los lugares y las personas correctos. Incluso, aunque mi mente me haya convencido de que todo andaba mal y de que me iba a faltar algo para estar bien, nunca ha sido así. SIEMPRE, hasta en los momentos más difíciles, he tenido todo lo que necesito.

7. Esta gran fuerza nos está dando el regalo de la vida a diario, porque tiene su atención indivisa en mí y en cada uno de los seres que existen, todo el tiempo. Algo que entendí en este camino, a diferencia de lo que la religión

me enseñó, es que Dios no solo se comunica todo el tiempo conmigo, sino que también me escucha y me responde SIEMPRE, no solo a veces, ni "cuando Dios quiere" o "si Dios quiere", sino SIEMPRE. Pero no lo hace a través de lo que deseo o de lo que le pido, sino a través de lo QUE SOY y cómo lo permito a través de mí. Más adelante vamos a ahondar un poquito más en cómo acceder a esta energía, pero por lo pronto te invito a que no te asustes cuando mencione a la Fuente, ni te quedes con la idea preconcebida de lo que aprendiste en tu infancia sobre lo que esta energía representa.

Es probable que te estén surgiendo muchas preguntas sobre Dios y la Fuente, como, por ejemplo, ¿por qué Dios permitiría que algo como el Holocausto sucediera? ¿Por qué si la Fuente quiere lo mejor para los humanos deja que las tragedias ocurran y que las personas sufran? El principio de nuestra vida es la libertad de elegir el amor o el miedo en cada situación. Si escoges ver el amor de la Fuente con completa fe y convicción, incluso en medio de los momentos difíciles, vas a encontrarte con milagros y bendiciones por todas partes; pero si eliges creer que vivimos en un mundo de dolor, donde no hay nada que nos cuide y el universo está en contra de nosotros, te vas a sentir desprotegido, en situaciones peligrosas y temerosas. De nuevo, la Fuente es como el Sol: puedes elegir abrir tus ojos para verlo y salir de tu cueva oscura de miedo para sentir su calor, o no. En cualquiera de los casos, es TU elección. Si un suceso como el Holocausto sucedió, fue porque un grupo de personas decidió alejarse de la Fuente y separarse del amor. Y aun así, después de leer un libro como *El hombre en busca de sentido*, de Viktor Frankl, me doy cuenta de que Dios sí se encuentra en todas partes, incluso en situaciones tan dolorosas como la Segunda Guerra Mundial.

¿CÓMO CONECTAR CON LA FUENTE?

Ahora, quiero compartirte algunas de mis prácticas favoritas que me han ayudado a construir una mayor cercanía con LA FUENTE, y de pronto, pueden servirte de inspiración:

Conecta con tu corazón: una de las formas más fáciles que encontré para conectar con la Fuente cuando me siento desconectada, es poner las manos sobre mi corazón unos segundos y prestar atención a los latidos que produce. Mientras respiro y me fijo en cada latido, me permito sentir su energía dentro de mí. Por lo general, esta energía se siente calentita, expansiva, relajada y amorosa, pero es muy muy sutil; por eso, debo prestar mucha atención para sentirla, porque es un pequeño susurro. Puedes poner un temporizador por diez minutos, una música relajante, y respirar poniendo tu atención consciente en la energía de tu corazón, que sostiene tu vida. No intentes buscar ni lograr nada, solo ríndete ante el sentimiento que surja de manera natural y recibe esta amorosa energía.

Piensa en el milagro que eres y lo sostenido que estás: una práctica que he adoptado últimamente, que me ayuda a conectar con la Fuente, es pensar en el milagro de mi vida: soy una en doscientos millones de espermatozoides que pudieron ser fecundados, y aun así, nací yo; soy una en siete mil setecientos millones de personas en el mundo, y aun así, hay recursos para mí; estoy viviendo en un planeta que se sostiene alrededor del Sol y no se cae, porque fue magníficamente diseñado con la fuerza de gravedad, y está siendo bombardeado con frecuencia por meteoritos, pero estos no lo destruyen. Estoy viviendo en un planeta que me proporciona oxígeno para respirar sin que yo tenga que hacer nada para conseguirlo, experimentando la vida a través de un cuerpo que es una maquinota majestuosa sin que yo deba hacer nada para que funcione (aunque, por supuesto, debo cuidar de él). El Sol me regala sus vitaminas día a día, las plantas me alimentan y tengo agua para beber y vivir. Mi vida es un milagro y, aunque a veces lo olvido, recordarlo me ayuda a entender que la probabilidad de mi existencia es tan baja que debo valorarla al máximo y comprender que, si estoy acá, es porque soy importante y porque debo estar.

Conecta con el presente: para esto, te invito a que pongas un temporizador por diez o quince minutos y enfoques tu atención en este instante (que, por cierto, es el único instante en el que existes). Observa tu respiración, los latidos de tu corazón, tu cuerpo, el lugar en el que estás, aquí y ahora. La única que crea problemas imaginarios es tu mente, pero la Fuente está aquí y ahora, sosteniendo tu vida. Nada te falta y estás completo porque estás vivo.

Oración: suelo prender una velita y pedirle con fervor a Dios o a la Fuente que me deje ver con ojos de amor cualquier situación por la que esté pasando, que me ayude a sentir con amor. Le pido que me ayude a ver con claridad y que me permita sentir paz interior, sin importar lo que esté sucediendo en el exterior. Como dice Marianne Williamson en su libro *Volver al amor*: "La plegaria más inteligente no es 'Dios amado, envíame a alguien maravilloso', sino, 'Dios amado, ayúdame a darme cuenta de que soy alguien maravilloso'"[1]. Pide que el milagro suceda primero en tu interior y en tu cambio de percepción.

Visualización de fe: un ejercicio de visualización que me gusta hacer es el siguiente. Imagina que de tu corazón sale una bolita de energía con todos los aspectos de tu vida que te hacen sentir impotente, con los que no sabes cómo lidiar, los que te asustan o te dan rabia, e imagina que, muy despacio, le entregas esta bolita de energía al cielo. Y mientras esta bolita asciende, tú las vas soltando más y más, con la fe de que, cuando ascienda por completo, tu situación estará solucionada, que allá en el cielo se están encargando de que todo salga de la mejor manera para tu mayor bienestar.

Prácticas de relajación corporal: si algo he aprendido, es que Dios se siente como paz y calma en mi cuerpo. Físicamente me siento bien cuando estoy conectada a la Fuente, porque está fluyendo dentro de mí. Por eso hacer prácticas

1 2022, p. 139.

para relajar mi cuerpo también será de gran ayuda para conectar con ella; mientras más relajada estoy, más sostenida me siento. El chi kung, el yoga y las técnicas de respiración son mis prácticas favoritas, pero tú puedes usar las que más te gusten.

La gratitud es la mejor actitud: a lo largo de este libro te iré hablando en profundidad sobre los efectos de la gratitud, no solo en tu mente, sino en tu biología y en tu energía, y te contaré cómo podemos usarla y aplicarla para manifestar. Pero, por lo pronto, debes saber que la gratitud es una de las energías más elevadas que te conectan con la divinidad.

Te invito a que escribas aquí tus prácticas favoritas para conectar con la Fuente, y así, en los momentos de bajón, puedes regresar aquí y recordarlas para utilizarlas.

___

___

___

___

Espacio de consciencia

Si algo tengo claro, es que nadie puede definir a Dios, y las concepciones que existen de Él en el mundo son tan amplias que sería imposible llegar a una sola conclusión. Por eso, un ejercicio que me enseñó una persona que amo y que cambió por completo mi vida es definir a MI Dios como YO lo concibo. Como me gusta llamarle y como creo que es. Muchas veces pensamos que Dios es de una manera, pero no nos damos cuenta de que, en realidad, estamos poniendo nuestra fe en el Dios miedo, en el Dios duda o en una versión opuesta a como realmente creemos que es. Por eso, tómate el tiempo para definirlo. ¿Cómo concibes tú a Dios? ¿Cómo crees que es? ¿Cómo te gustaría creer que es? Asegúrate de elegir características que te hagan sentir amado y a salvo. Ahora, escribe aquí qué es para ti Dios/la Fuente. **Ejemplo: Me ama incondicionalmente, quiere lo mejor para mí, está SIEMPRE disponible para mí (no solo a veces), me da siempre lo que necesito, me ama en medio de mis errores, me guía siempre con amor y paciencia, me ve como el ser más hermoso y valioso del mundo, me protege siempre, me envía bendiciones a diario, desea verme feliz.**

Aquí, enfócate en lo que Dios/la Fuente NO es, para ti.
Ejemplo: Me juzga, me castiga por mis errores, me enseña a través de la culpa y el castigo, se decepciona de mí, me ve como un ser pecador, me desaprueba.

____

____

____

____

TU SER AUTÉNTICO

Hay una parte de ti que está conectada directamente con la divinidad, que va mucho más allá de tu cuerpo humano. Muchos le han llamado el espíritu, el Chi, tu ser superior, tu alma, la consciencia, el presente, Espíritu Santo... Tú llámale como quieras, pero ten presente que es la parte de Dios que vive dentro de ti; es ese aspecto que está alineado con algo más grande que tu personaje humano, que es individual y personal, con el que posees una conexión directa, y se presenta como un sentido de propósito, amoroso, cuidador, compasivo, relajado, que quiere dejar un legado y hacer de este mundo un mejor lugar. Es la esencia multidimensional de quien eres, tu versión más elevada y expansiva.

Para que sea más fácil de entender, en este libro le voy a decir "tu ser auténtico", pero te repito que los nombres que yo le pongo no tienen que ser los mismos que tú usas, porque, de pronto, hay algunos que no resuenan contigo. Por eso es importante que encuentres formas de llamar a estas energías de una manera que a ti te guste. Al fin y al cabo, un nombre es solo una forma, y aquí estamos hablando de energías y no de formas. A mí me gusta llamarlo "tu ser auténtico" porque, cuando logras desapegar tu identidad del conjunto de ideas limitantes basadas en el miedo, la materia y la necesidad de sobrevivir, lo único que queda es la verdad de quien eres: la autenticidad de tu ser. Cuando te permites descansar en la consciencia infinita que experimenta la vida a través de este personaje de tres dimensiones, te conectas con la divinidad que vive en ti. Incluso, aunque estés creando un negocio, sosteniendo una familia o logrando una meta específica, puedes soltar la noción de que eres un ser humano que tiene que apegarse a la vida y entregarle tu vida con confianza a una energía de amor que va más allá de tu personaje, de las formas y de la materia.

Puede que entiendas perfectamente de qué estoy hablando, o puede que pienses que te estoy hablando en chino. Para hacerlo más claro, piensa, por ejemplo, en un momento en el que hayas hecho algo que no sabes cómo hiciste; donde parece que, dentro de ti, hubiese habitado "algo más grande que tú", donde fue la virtud la que lideró tus acciones. Pueden ser situaciones como: "Mi mamá me estaba gritando y yo decidí verla con amor y no responderle feo, sino decirle que más tarde hablamos, para que pudiéramos resolver el asunto de la mejor manera". "Me surgió el impulso de ir a entregar comida a todas las personas de mi barrio que habitan en la calle". "Decidí dejar pasar a todos los carros que estaban delante de mí, en medio del tráfico, así yo llegara un poquito más tarde a mi casa".

La situación en sí no es tan importante como la energía desde donde surgen tus acciones: el amor desapegado e incondicional. Tu ser auténtico, a diferencia de tu yo limitado (del cual hablaremos en profundidad en la siguiente sección), surge desde tu corazón y no necesariamente desde tu mente. Nace desde un instinto presente, conectado al AMOR y a la VERDAD, es decir, a la Fuente.

Una de las características de tu ser auténtico es que está siempre conectado a lo que es en realidad IMPORTANTE, y no se queda en historias mentales limitantes y repetitivas. Tu ser auténtico se siente como una mirada que tiene PERSPECTIVA ante todas las situaciones de tu vida, como si estuviera mirando desde arriba, o desde afuera, a tu personaje humano.

Una de las prácticas más útiles para conectar con esa parte divina dentro de mí, es preguntarme ¿qué es verdad?, o ¿cuál es la verdad? Por ejemplo, si te levantas una mañana con el pensamiento de "ya estoy muy viejo para lograr las cosas que quiero, ya no tengo tiempo, soy un fracasado", pon las manos sobre el corazón, pídele a la Fuente que te ayude a ver la verdad de tu ser auténtico, y pregúntate en voz alta, "¿cuál es la verdad?". Deja que la respuesta te llegue. Algunas respuestas para este ejemplo son, "La verdad es que en este momento tengo infinitas posibilidades. La verdad es que este instante es todo lo que existe para mí, y si lo intento, podría lograrlo. La verdad es que no soy un fracasado; soy una persona que se ha equivocado miles de veces, y por eso, ha crecido más y aprendido mucho en el proceso".

Algo que he comprendido es que, cuando elegimos vivir desde nuestro ser auténtico y dejar que sea el amor quien se encargue de nuestra vida y nuestras decisiones, nos vamos a sentir fuera de control, como tirándonos al vacío, a un campo desconocido. Cada paso que demos no se va a sentir fácil, pero sí se va a sentir siempre correcto. Requiere mucho coraje y valentía caminar desde el amor y por amor; de hecho, es el acto más revolucionario y desobediente, porque va en contra de todo lo que nos han enseñado como sociedad. Para vivir con valentía, tenemos que aprender a caminar con el miedo al lado, tomarlo de la mano, y crear una piel gruesa para no dejar que lidere nuestra vida. Vivir desde mi ser auténtico es la decisión más aterradora que he tomado en mi vida y, sin duda alguna, la mejor.

Cuando estás desconectado de tu ser auténtico, viviendo desde tu yo limitado, todo empieza a funcionar de manera deficiente y a sentirse forzado. Tu cuerpo empieza a doler y experimentas grandes cantidades de resistencia y sufrimiento. Cuando estás conectado a tu ser auténtico, te conviertes en la absoluta no limitación de lo que eres, entras en armonía con tu salud, tu energía y tu cuerpo, porque te dejas guiar hacia la mejor forma de cuidar tu disfraz humano. La vida se vuelve divertida porque comprendes que es un juego, aprendes a disfrutar todo el rango de experiencias y hazañas que vives, pero mientras todo sucede, puedes descansar en esa consciencia infinita y amorosa, conectándote con lo que se siente correcto, disfrutable e intuitivo.

Espacio de consciencia

Como vimos en el primer capítulo, la consciencia es el primer paso y el más importante en tu proceso de despertar. Por eso te invito a que te tomes el tiempo necesario para reconocer los dones y superpoderes de tu ser auténtico, entendiéndolo como la versión más amorosa y expansiva de quien eres. Cuando los descubras, escríbelos aquí. **Ejemplo: Mi ser auténtico es honesto, amable, sabe quedarse callado cuando alguien está alterado, sabe poner límites claros, firmes, y desde el amor. Es amigo de la incomodidad y la enfrenta con valentía. Es amoroso conmigo y con mi cuerpo, aunque no se apega a cómo se ve. Le es fácil expresar sus sentimientos y honrar los de las demás personas. Honra mi camino y mi proceso.**

TU YO LIMITADO

Un ser inconsciente es aquel que siente, piensa y actúa en piloto automático, sin preguntarse por qué hace lo que hace, qué siente y qué piensa. Simplemente reacciona a los estímulos externos que se presentan, y si para su perspectiva individual estos son positivos, reacciona de manera positiva; si los percibe como negativos, reaccionará de forma negativa. Es 100% dependiente de las condiciones externas para definir su estado emocional, y además vive bajo la completa certeza de que su personaje "Laura", "Camilo", "Claudia", o el nombre que se le haya otorgado, que tiene una raza, una nacionalidad, un pasado, una historia, unas creencias, convicciones y pensamientos, es la realidad total de quien es.

Este ser limitado fue programado para el miedo. Desde que nació, le fueron impuestas una serie de reglas de cómo debía ser y actuar para "ser una buena persona", sin darse cuenta de que en realidad lo programaron para complacer al mundo que lo rodeaba y a las personas que lo cuidaban. Lo domesticaron para ser un animal obediente, en vez del ser amoroso y expansivo que en verdad es. Para este ser, identificado con su personaje y con el mundo de las tres dimensiones, su principal objetivo es sobrevivir, no triunfar ni ser feliz. Es mantenerse alejado de todas las potenciales fuentes de dolor y sufrimiento, y permanecer en una zona de confort que represente seguridad. Para lograr esto, ha creado una serie de patrones mentales de miedo y máscaras, que lo mantienen en la ilusión de que tiene el control sobre las experiencias que lo rodean y, por lo tanto, puede darse el permiso para sentirse bien si las cosas salen como lo ha planeado en su esquema de pensamiento.

De no ser así, va a encontrar todas y cada una de las formas posibles para crear una etiqueta o un problema sobre la realidad en la que vive. Es una voz neurótica y obsesiva, adicta al sufrimiento, que siempre tiene una opinión de por qué las cosas no deberían ser como son, llevándote por un hoyo de pensamientos repetitivos: "Esto me gusta, esto no me gusta, esto no debería ser así, lo estoy haciendo mal, qué van a pensar de mí, nada de lo que hago importa, otra vez me desperté tarde, el sol no debería haber salido tan temprano hoy, soy un fracaso, ella es más bonita que yo y por eso la quieren más, nunca lograré nada de lo que quiero, no soy suficiente, nunca he sido suficiente y nunca lo seré". Y así podríamos seguir durante todas las páginas de este libro...

Muchos han llamado a esta parte asustada de ti el ego, el enemigo, el diablo, la sombra, el *roommate* de tu cabeza. A mí me gusta llamarle "tu yo limitado". Sea como sea que quieras llamarle, es importante que conozcas de cerca a esta voz en tu cabeza, porque, ¿adivina qué? NO SE VA A IR. De hecho, entre más quieras que se vaya, más fuerte se va a volver. Y aunque muchas veces ha sido visto como el enemigo con el que debes luchar y pelear, vamos a ir descubriendo que, si aprendes a observarlo, puede ser el mejor promotor para que conectes con la Fuente porque, cuando estás conectado al amor, no le temes ni odias a tu yo limitado.

Algo que noté cuando estaba empezando en mi camino de despertar es que, por más intención que le pusiera a sentirme bien y conectada con la Fuente, siempre llegaba esta voz dentro de mí que me hacía dudar de mi valor como persona, que me hacía creer que no soy suficiente, que me daba mil razones lógicas por las cuales todo lo que quería no era posible e iba a salir mal. Esta parte de mí es la misma que me llevaba a autosabotearme para no llevar a cabo los proyectos que mi corazón con tantas ganas deseaba realizar, que me hacía discutir con las personas que amo solo para tener la razón, que me hacía sentirme inferior ante la presencia de otros, y me hacía tener miedo sobre la vida si las cosas no salían como yo quería. Con el tiempo, descubrí que la única fuente real de todo mi sufrimiento es esta voz condicional dentro de mí, que me lleva a creer que algo en el exterior debe cambiar primero para que yo pueda sentirme bien. Entendí que mi lucha no es con el mundo, mi sufrimiento no lo produce el señor que se me atraviesa con su carro y no me deja pasar, ni el problema en el trabajo, ni mis padres y su forma de amar; esas son solo las excusas que mi yo limitado crea para alejarme del amor de la Fuente, para mantenerme atascada en el miedo y hacerme creer que no hago parte de la divinidad. Entendí que lo único que me limita son las historias "desempoderantes" que me cuento a mí misma y que decido creer. Que lo único que me abusa es el maltrato que permito en mi cabeza, porque en el fondo creo que me lo merezco. Que lo único que me abandona soy yo misma, cuando no me veo ni me doy mi lugar. Que lo único que me rechaza son mis propios pensamientos de juicio y crítica. Es mi yo limitado, dentro de mis propios pensamientos, quien crea todo mi sufrimiento. Fue mi yo limitado quien me hizo creer, por muchos años, que lo que decía era verdad, porque sus historias estaban muy engranadas en mi mente, las había practicado durante mucho tiempo y les había entregado el poder sobre mi vida. Me hizo creer que mi destino era nunca ser suficiente para que otro ser humano me amara de verdad; me dijo que mi acné me hacía ver horrible y que definía quién era como persona, y también me hizo creer que no tenía la luz suficiente para compartirla con el mundo.

Pero entonces, ¿por qué estoy acá escribiendo un libro y compartiendo mi verdad con el mundo sin miedo? ¿Cómo logré controlar a mi yo limitado? La verdad es que no lo hice, porque no se puede controlar; de hecho, sigue aquí presente, mientras escribo estas palabras. La única diferencia es que aprendí a observarlo y a no juzgarlo ni a querer que se vaya; lo observo con la distancia suficiente, para no creer todo lo que me dice, para entender que esa voz no "soy yo", sino que solo está ahí, viene y va constantemente, y mi única tarea es observarla, para luego poder elegir si creerle o no.

¿Te ha pasado, por ejemplo, que estás viendo una película y estás tan inmerso en sus sonidos y sus imágenes que olvidas que eres tú quien observa? ¿Que tú eres el sujeto, y la película, el objeto? ¿Olvidas que estás en una habitación, sentado en un sofá, mirando un televisor, y sientes como si tú "fueras" la película, como si estuvieras ahí viviendo lo que los personajes viven, y empiezas a sentir lo que ellos sienten? Lo mismo pasa con tus pensamientos: al estar tan inmerso en ellos, olvidas que eres tú quien los está pensando y que, además, tienes la LIBERTAD de elegirlos.

Pero, para poder elegir entre un pensamiento de amor o de miedo, he encontrado que es muy útil, primero, conocer y hacerme consciente de la voz de mi yo limitado.

Por eso, quiero compartirte algunas cosas que he aprendido sobre esta asustada voz:

1. No eres tú. Si quieres quedarte solo con una cosa para entender a tu yo limitado, es esto: siempre te va a hacer creer que lo que dice te define. La misión más grande de tu yo limitado es hacer que creas lo que te dice y que te identifiques con él, porque de esa manera se mantiene vivo en tu interior. Si tú reconoces que esta voz no eres tú, y eres capaz de estar lo suficientemente atento para observar lo que te dice con distancia, y sin creerle, poco a poco vas a ir desapegándote de él.

2. Es mentiroso. La segunda labor más importante de tu yo limitado es hacerte creer que todo lo que dice es verdad. ¡Pero te tengo grandes noticias! No lo es. Lo que dice viene desde una visión imaginaria, catastrófica y negativa de la realidad, no desde una perspectiva lógica y objetiva del mundo, ni mucho menos amorosa.

3. Siempre te va a alejar del momento presente. Tu yo limitado va a encontrar todas las formas de hacerte creer que las experiencias que viviste en tu pasado son las verdaderas limitantes para lo que quieres hacer hoy, o va a darte todas las razones de por qué no deberías hacer lo que deseas y expresarte como deseas, porque todo puede salir mal en el futuro. Tu yo limitado nunca ve la

lista de infinitas posibilidades que existen en el presente, sino todos los problemas pasados o futuros que existieron o existirán. Y por eso me gusta llamarlo limitado, porque, al evadir las infinitas posibilidades presentes, te mantiene en un concepto imaginario de quién has sido o quién serás, ignorando quién eres en realidad.

4. Hará TODO para alejarte de tus sueños. Los sueños son, al fin y al cabo, el llamado que tu alma tiene para esta experiencia humana, y para lograrlos, siempre vas a necesitar arriesgarte, tener fe en la Fuente y creer en ti. Tu yo limitado repudia el riesgo y lo desconocido porque lo sacan de su zona de confort, y como siempre piensa que no eres suficiente, creer en ti y en tus capacidades no es una opción. Tu yo limitado va a hacer todo para mantenerte cómodo, pero insatisfecho. La comodidad infeliz es su lugar favorito.

5. Te hace sentir mal. Vas a sentir su presencia de manera física. Como ya te he contado, cuando estás conectado al amor incondicional de la Fuente, te sientes en paz, más allá de lo que pase en tu exterior. Pero cuando estás creyendo las historias de tu yo limitado, siempre te vas a sentir mal, física y emocionalmente. Tu yo limitado es la señal de que estás desconectado del amor, pues es ahí cuando llegan la duda, el miedo, la pereza, la desesperanza, la enfermedad o el estrés.

Cómo liberarte de la voz de tu yo limitado

Te tengo buenas noticias: tu yo limitado no tiene por qué liderar tu vida. Puedes liberarte de él y llegar a la conexión con la Fuente que tanto anhelas. Te comparto aquí algunos pasos que me han servido para hacerlo:

1. Atrápalo tan rápido como puedas. Reconócelo cuando llegue, date cuenta de que estás pensando desde el miedo (por la preocupación por el dinero o por lo que alguien piensa de ti, o cualquier razón que te haga olvidar que eres ilimitado y que tu verdadera naturaleza es el amor). Atrapa el pensamiento limitante apenas lo identifiques. Esta es la parte más difícil, porque, como ya sabes, tu yo limitado te va a hacer creer que eres tú, que su voz es la tuya; entonces, reconocerlo como algo distinto a ti no siempre va a ser fácil. Pero si no lo reconoces, te va a llevar a rodar con él, sin que te des cuenta, en una bola de nieve de negatividad y catastrofismo. Te recomiendo que hagas lo mejor que puedas para estar consciente cuando llegue el pensamiento de miedo. No tienes que "hacer nada" activamente, solo reconocerlo y nombrarlo.
2. Entrégale tu miedo a la Fuente. Una vez reconozcas que estás pensando desde el miedo, relájate, ríndete, no pelees con el pensamiento ni intentes que se vaya. Desde el control no vas a lograr nada; por eso, intenta crear la menor cantidad de resistencia posible y entrégale tus pensamientos limitantes a algo más grande que

tú. Pídele al amor que entre en ti y transforme tus pensamientos. Entrégale tu control a la Fuente que sostiene tu vida, y confía en que ella hará el milagro dentro de ti y te ayudará a cambiar de perspectiva.

3. Una vez te sientas más tranquilo, recuerda quién eres, reconociendo que eres un ser espiritual que vive una experiencia humana. ¿Cómo eliges vivir esta experiencia? Trae un pensamiento conectado con el amor, con la Fuente. Pregúntate, ¿cómo vería el amor esta situación? ¿Qué es lo importante en esta situación? Conecta con lo que de verdad importa, con una visión más expansiva de ti.

Es clave que sepas que, en este camino de despertar, te van a acompañar siempre estas dos energías: el amor y el miedo, la divinidad y el ego, tu yo auténtico y tu yo limitado. Tu libertad está en elegir a cuál escuchar, en dónde poner tu atención, a cuál seguir y hacerle caso. Puedes ser consciente de estas dos partes. ¿En cuál estás enfocando tu atención? ¿En cuál estás descansando?

Pero, de nuevo, como todo en tu vida, eres libre de elegir a cuál seguir y a cuál escuchar. Cuando tomas la decisión de encarar la vida desde tu corazón y le pides al amor que habite dentro de ti, que te ayude a recibir la vida desde su perspectiva, tu yo limitado va a crear una gran cantidad de resistencia, porque se va a sentir muy incómodo. Es mucho más fácil sentirte una víctima, en vez de hacerte responsable de tu propio estado emocional; es mucho más común responsabilizarte por el estado emocional del mundo, en vez de dejar que los otros se hagan cargo de su propia vida, porque así creas la ilusión de tener control sobre ellos; es mucho más fácil tener la razón que elegir ser feliz, culpar a las personas y guardarles resentimiento, en vez de perdonarlas y dejarlas ir.

Espacio de consciencia

¡Una de las claves para "desidentificarte" de tu yo limitado es conocerlo! Ya sabes lo que dicen: "a tus amigos, cerca, y a tus enemigos, más cerca". Entre más conoces sus miedos, sus creencias y sus momentos de ataque, podrás verlo cada vez más como una pequeña voz asustada en tu interior que no tiene poder si no se lo otorgas, y su voz se irá volviendo cada vez más tenue.

Te invito a que uses este espacio para identificar qué historias de las que te ha contado tu yo limitado has creído. **Ejemplo: No soy suficiente, no valgo nada, el mundo es un lugar peligroso, no puedo confiar en las personas.**

Momentos de ataque: escribe aquí los momentos o las situaciones en los que suele aparecer tu yo limitado. Esto te ayudará a estar mucho más consciente, para enfocarte en actuar desde el amor. **Ejemplo: Cuando voy a hacer un proyecto que realmente me apasiona y me empieza a decir que no lo voy a lograr. Cuando comparto con mi familia durante mucho tiempo. Cuando tengo muchas cosas por hacer y me dice que debo ser perfecto.**

___

___

___

___

¿QUIÉN ERES Y POR QUÉ ESTÁS ACÁ?

En mi camino de despertar, cuando estaba intentando descubrir quién era y qué hacía en este mundo, todos los líderes y maestros espirituales decían: "La separación es una ilusión", "no hay separación porque somos uno", y la verdad es que al inicio no lo entendía, y me costó muchas horas de meditación llegar a comprenderlo en realidad, porque para mí era muy raro decir que "todos somos uno". Si yo soy abundante y el señor que vive en la calle no lo es, si yo soy de una raza y él es de otra, si yo tengo una familia y él no, él y yo no somos lo mismo, porque eso, evidentemente, nos separa. Pero lo que luego comprendí es que él y yo somos la consciencia detrás de las formas que observa la realidad y la materia. La consciencia que vive en mí y en el señor de la calle ya es abundante, no tiene raza, y él y yo somos familia, porque venimos de la misma Fuente; nuestra esencia es lo mismo, somos un ser espiritual que vive una experiencia humana. Mi cuerpo tiene ciertas características y limitaciones propias, pero mi espíritu es infinito, completo e ilimitado, al igual que el de todos los seres humanos en el planeta. Por eso somos uno.

Me gusta pensarlo como si mi vida fuera un videojuego, en el que me otorgaron un "avatar" o un personaje que me representará para jugar. Este personaje tiene tanto superpoderes como puntos débiles, y vino a superar unos retos específicos que lo van a hacer evolucionar y ganar mejores habilidades. Entre más avanza en el juego y supera obstáculos y hazañas, el avatar se va acercando cada vez más al lugar de donde vino y al que tiene que regresar: el amor. Lo importante de esa visión es entender que tú no eres el avatar o el personaje que tiene tu cuerpo, tu pasado y tu personalidad, tus superpoderes ni defectos, sino que experimentas el videojuego (la vida) a través de él, pero en verdad, la esencia de quien eres es el jugador (tu ser auténtico) que está fuera de la pantalla, con el control en la mano, observando lo que sucede en el juego y eligiendo cómo jugarlo, pero, sobre todo, divirtiéndose en el proceso. Reconocer esto nos da la libertad de elegir cómo queremos presentarnos ante el mundo, qué tipo de experiencias queremos tener, cómo nos queremos definir, comprendiendo que NO ERES esa definición, pero sí puedes utilizarla a tu favor. Si entendieras por completo que eres un espíritu que vive una experiencia humana, ¿no elegirías disfrutar de esta experiencia al máximo? ¿Cumplir tus sueños más grandes? ¿Sentir tus emociones con gozo y apertura, por el puro hecho de sentirlas, así sean "positivas" o "negativas"? ¿Amar mucho y no tomarte tan en serio a los personajes con los que interactúas? ¿No elegirías disfrutar en libertad todas tus experiencias, sin apegarte a ellas ni darles tanta importancia? Porque, por fin, entenderías que es tan solo un juego.

Para eso vinimos a este mundo: a RECORDAR que somos el espíritu dentro del personaje, pero no somos el personaje. Vinimos a experimentar la humanidad con todos sus matices, lo bueno, lo malo, lo lindo y lo feo, y eso es lo divertido de la vida. Lo que suele suceder (y me pasó a mí durante la mayoría de mi vida) es que, cuando nos apegamos tanto a esta realidad en tres dimensiones, olvidamos quiénes somos en verdad —seres espirituales que viven una experiencia humana— y ponemos al humano y a la materia por encima del espíritu y de la energía de amor que sobrepasa lo visible. Ser consciente significa DARTE CUENTA. Un ser consciente es aquel que siente, piensa y actúa con pleno conocimiento de lo que hace y de lo que ES, sin apegarse a las experiencias que vive.

¿QUÉ ES EL VORTEX?

Imagina que esta fuente de energía amorosa de la que hemos estado hablando, a la que llamamos la Fuente, quisiera experimentar la humanidad a través de ti, tuviera una visión de quién eres ante sus ojos y un gran propósito para tu personaje humano. ¿Cómo te sentirías si supieras que la gran Fuente de amor quiere lo mejor para ti en cada instante de tu vida? ¿Qué pasaría si tuvieras la certeza de que lo que quieres también te quiere a ti? ¿Que lo que buscas también te está buscando? ¿Que la seguridad que siempre has querido sentir quiere sentirse a través de ti? ¿Que los sueños que tienes también quieren ser experimentados a través de ti? ¿Cómo te sentirías si supieras que la gran Fuente le está ayudando a tu ser auténtico a acercarse cada vez más hacia tu encuentro con tu misión de vida?

¿Por qué crees que algunos de nosotros nacemos con el deseo profundo de ser padres y otros no? ¿Por qué crees que algunos desean ser contratados en una empresa y poder servir al mundo desde el trabajo en equipo, y otros desean ser los líderes de esa empresa? ¿Por qué crees que mi deseo más grande es viajar por todo el mundo, y para otros, tener una casa estable es lo que más anhelan? ¿Por qué yo tengo unos sueños y tú otros? Porque cada uno de nosotros fue traído a esta experiencia humana con un vortex específico, con deseos del alma que son únicos y particulares para cada uno. Tus deseos quieren ser experimentados a través de ti; si no tuvieras la capacidad de manifestarlos, tampoco tendrías el impulso de experimentarlos.

El vortex de todos los humanos es poder recordar el amor que son y ver las infinitas posibilidades que están disponibles aquí y ahora. Esa es la esencia de todo. Es, al fin y al cabo, la misma búsqueda para todos, solo que el camino se ve distinto para cada uno. Unos quieren ser médicos y salvar vidas, otras quieren ser madres para crear, sostener y nutrir la existencia de otro ser, otros queremos inspirar a las personas a encontrar su propio camino. Para la mayoría de nosotros, estos deseos pueden ir cambiando de forma cada año. Pero lo que importa no es cómo se ven, sino la energía que los sostiene. Es a esto a lo que le llamaremos el vortex: la conexión constante con el amor que la Fuente quiere y tiene disponible para ti todo el tiempo, que tiene una forma específica en este plano terrenal para cada individuo. Llámale propósito, dharma, ikigai, fuego interior, misión de vida, llamado del alma, como tú quieras, pero entiéndelo como este impulso certero que hace que tu corazón se ilumine cada vez que piensas en ello.

Tu vortex es el estado vibracional en el que te sientes en unidad con la Fuente y todo es posible; es un estado de alineación interior donde, por lo general, experimentas emociones como entusiasmo, inspiración, pasión, seguridad, paz, y, en resumen, te sientes conectado al amor. La mayoría de las veces, estas emociones te llevan a tomar acciones específicas, que vienen como un impulso natural y como resultado de esta unión con el todo. Uno de los mayores aspectos en mi vortex, por ejemplo, ha sido poder desarrollar la habilidad de amarme más a mí misma y sentirme segura de quien soy. Porque desde pequeña siempre tuve la tendencia a juzgarme fuertemente, ser muy dura conmigo y hablarme con poca compasión.

De hecho, fue este desprecio por mí lo que se estaba manifestando como acné en mi rostro y ansiedad en mi vida.

Un día me encontré con un libro de biodescodificación emocional, en el que había una lista de todas las enfermedades existentes y sus significados emocionales. Al buscar acné, decía algo como: cuando una persona se juzga con frecuencia y siente desprecio por sí misma, al no querer mostrar su verdadera esencia porque se siente avergonzada de quien es, su piel encuentra la manera de expulsar todo lo que reprime a través del acné. En el instante en el que leí eso, dije, "¡*WOW*, soy yo! Lo que pienso y lo que siento sí se está manifestando en mi realidad física".

¿Qué estaba en mi vortex en esa situación? Una mujer que se ama a sí misma por encima de cómo se ve, que se honra y reconoce su valor, que sabe lo hermosa que es, más allá de cómo luce su piel. Que, aunque sabe que no es perfecta, entiende que es MUY valiosa, que se siente segura de sí misma, se acepta, se es fiel y se acompaña con amor en cada etapa de su vida. Una mujer que sabe cuidarse, hablarse bonito y verse a sí misma con compasión y respeto, y que, como resultado, inspira a otros, a través del liderazgo y el ejemplo, a aprender a amarse a sí mismos.

Ahora, hagamos este ejercicio: piensa en una situación en la que te hayas sentido en paz, con el corazón abierto, o incluso en "estado de Flow", ese estado en el que el tiempo parece disiparse y puedes estar por horas y horas haciendo algo y sientes como si solo hubiese pasado un segundo. O en un momento en el que te hayas sentido seguro de ti mismo, de quien eres y de tu propósito, y hayas querido entregarte al servicio de la humanidad. No en un estado de felicidad eufórica y excitación, sino de paz, calma y felicidad tranquila. Ahí estabas en tu vortex.

Lo que vamos a aprender a hacer a lo largo del libro es mantenernos en el vortex la mayor parte del tiempo. Y, al igual que todo lo que queremos que se vuelva un hábito, tenemos que practicarlo. Entrar en el vortex es una práctica, no un estado automático del ser. Por eso decidí llamar mi empresa "The Vortex Way", o, como se traduce en español, "El camino del vórtice", porque durante todos estos años de despertar he estado practicando continuamente mantenerme en el camino de mayor alineación y de infinitas posibilidades, y he decidido crear una dirección certera hacia el camino del vortex.

Espacio de consciencia

Tómate unos minutos para entrar en tu vortex y conocer cómo se ve. ¿Qué hace cantar a tu corazón? ¿A qué crees que fuiste traído a hacer a este mundo? ¿Qué experiencias quieren ser vividas por ti en este plano terrenal? ¿Cómo puedes vivir al servicio de la humanidad? Puedes escribir acciones muy específicas como "salvar vidas siendo médico", o más generales, como "aprender a amar de la manera más pura para poder amar a otros y que se sientan inspirados a hacer lo mismo". Ojo: tu vortex no tiene que verse igual toda tu vida, puede ir cambiando de forma, conforme creces y te conoces a ti mismo.

Ejemplo: Mi vortex: estar en constante conexión con Dios para poder ser un canal puro y cristalino de su mensaje de amor y poder expresarlo a las personas que me rodean. Ayudar a las mujeres a sanar su linaje femenino a través de mi experiencia con la sanación uterina.

Compromiso conmigo

Desde hoy entiendo quién soy.

Entiendo que soy un ser espiritual que vive
una experiencia humana.

Entiendo que mi naturaleza es amar.

Que mi vida está sostenida por una fuente
que me ama y quiere siempre lo mejor para mí.

Y aunque a veces olvide quién soy y qué hago
en este plano terrenal de tres dimensiones,
me comprometo a siempre volver con valentía
al amor.

A reconocer con honestidad las voces de mi yo
limitado, sin apegarme a ellas.

Para permitir que mi ser superior obre en mí,
y encarne en este personaje terrenal la versión
más amorosa y expansiva de quien puedo ser.

PASO 3

ATENCIÓN

DECIDE EN QUÉ QUIERES ENFOCARTE

La ley de la atracción rige cada partícula del universo en el que vivimos, al igual que la ley de la gravedad. Tú no puedes decidir si usar o no la ley de la atracción, porque sería como un día despertarte y decir, "hoy no siento ganas de usar la gravedad, mejor voy a flotar". Tampoco puedes decir, "hoy no quiero que la realidad que experimento sea un reflejo de mi vibración interior, entonces voy a dejar que se manifieste al azar, y por suerte". Lo que sí puedes hacer es decidir usarla CONSCIENTEMENTE y trabajar CON ella. ¿Pero cómo? ¿Cómo funciona en realidad?

TODO ES, PRIMERO, VIBRACIÓN Y ENERGÍA

Para entender con más claridad la ley de la atracción sin creer que estamos hablando de magia o de alguna teoría espiritual, vamos a ponernos un poquito más teóricos y a hablar de ciencia, en específico de física, que es la ciencia que estudia la materia en relación con la energía.

Por definición, la materia es todo aquello que ocupa un lugar en el espacio, tiene peso y masa. Todo lo que experimentamos en el universo es materia, desde este libro que tienes en las manos y la silla en la que estás sentado, hasta las nubes que puedes ver en el cielo; todo lo que puedes ver es materia. La materia está compuesta de partículas diminutas llamadas átomos.

Ahora bien, en física, la energía se define como la capacidad de realizar una acción, producir movimiento, cambio o transformación. La energía hace que los átomos que componen la materia estén en constante movimiento, girando alrededor de sí mismos y VIBRANDO. En esencia, todo lo que constituye el universo está formado por materia y energía vibratoria.

Lo interesante es que, en algunas ramas de la física, como la física de partículas, se ha descubierto que, al mirar las partículas de la materia con un microscopio, estas se desvanecen en entidades ondulatorias y vibracionales; es decir, la materia, en esencia, está vacía, y se compone de ENERGÍA VIBRATORIA.

El doctor Joe Dispenza, en su libro *Deja de ser tú*, a través de numerosos estudios subatómicos, lo explica a la perfección: "Los componentes esenciales de nuestro mundo físico son tanto ondas (energía) como partículas (materia física)"[2],

2 2012, p. 34.

y aclara que los átomos están hechos principalmente de espacio vacío, porque son energía. Piensa en lo siguiente: en tu vida, toda la materia física no se compone solo de materia, sino sobre todo de campos energéticos o de patrones de frecuencia de información (vibraciones). Es decir que la materia es más "nada" (energía) que "algo" (partículas); en conclusión, es un cúmulo de energía densificada.

Yo no soy científica, y tú tampoco tienes que serlo para entender con claridad que el mundo que estás experimentando en este instante todo lo que ves, tocas, sientes, saboreas y hueles, está compuesto por energía que se ve como materia. Y es importante saber que no estamos hablando de una teoría esotérica o religiosa, sino que desde científicos como el doctor Joe Dispenza y Albert Einstein, hasta físicos cuánticos como Bohr y Heisenberg, han estudiado la relación entre materia y energía desde hace miles de años.

Y aunque no seas científico, estoy segura de que en algún momento has experimentado cómo la energía puede llegar a ser incluso más real que la materia. Por ejemplo, ¿te ha pasado alguna vez que entras a un lugar y sientes una "energía pesada", no por algo específico que ves, sino por algo que sientes, y luego te enteras de que, antes de que llegaras, las personas habían estado discutiendo ahí? ¿Por qué pasa eso? Porque TODO ES, PRIMERO, ENERGÍA. Pasa lo mismo cuando alguien te empieza a decir palabras de amor, pero tú SIENTES y SABES que no está siendo genuino. ¿Por qué pasa esto, si sus palabras en sí fueron hermosas y "amorosas"? De nuevo: porque TODO ES

ENERGÍA; entonces, el punto no son las palabras que utiliza, sino la energía que hay detrás de ellas. Y así pasa con todo. Puede que te encuentres con dos vendedores que están ofreciendo el mismo producto y te cuentan la misma historia, pero solo a uno le crees y al otro no, a uno le compras y al otro no. Lo más probable es que la persona a la que le compraste tuviera la energía de "amo mi trabajo", "amo este producto", "sé que soy un excelente vendedor", "amo conectar con nuevas personas", con confianza, seguridad, alegría y entusiasmo. Y que la persona a la que no le compraste tuviera la energía de "no estoy seguro de lo que estoy haciendo", "no soy tan bueno en esto", "no me gusta este producto". Esos pensamientos están creando un campo energético alrededor de cada uno de los vendedores, y tal vez lo sentiste cuando hablaste con ellos. Entonces, al final, lo que más pesa no son las acciones físicas (materia), sino la energía con la que se realizan (energía).

Lo mismo sucede cuando tu cuerpo físico se enferma, pues cuando la enfermedad se manifiesta, es porque una disonancia energética se ha venido acumulando ahí desde hace algún tiempo. Nuestro cuerpo es energía, y cuando la energía no fluye en armonía, se estanca y crea la enfermedad. Entendí que eso era lo que sucedía con mi acné: yo llevaba practicando durante tanto tiempo una energía de vergüenza y represión que, finalmente, se manifestó en mi cuerpo físico.

Ahora bien, después de entender que la mayoría del mundo que experimentas es energético —desde una mirada subatómica—, te invito a que aprendamos a usar esta energía para manifestar lo que deseamos en nuestra vida. Y para manifestar en la realidad física, primero debemos entender cómo manifestar energéticamente: tenemos que volvernos amigos de la energía, antes que de la materia.

Lo que te estoy proponiendo es que te enfoques PRIMERO en la energía, antes que en la materia, que dejes de ver lo que te rodea como un mundo de formas y sentidos, y lo veas como un mundo de energía. Lo que yo hice cuando estaba empezando en este camino de despertar fue ver a los humanos según la energía que emanan; los lugares, según la energía que tienen; las situaciones, según la energía que las creó, y las acciones, según la energía con la que se realizaron, y, sobre todo, me vi a mí misma según la energía que estoy emanando en cada momento. Me comencé a ver como el ser vibracional que soy y la energía que emito en cada instante.

Tal vez te parezca raro concebir el mundo desde su energía, porque has estado acostumbrado a vivir desde la realidad que percibes con tus sentidos, según lo que puedes ver, oler, tocar, probar, oír y sentir. Pero, aunque tus sentidos le son útiles a tu cuerpo para atravesar esta experiencia humana a salvo, hay una parte de ti que excede la percepción física de quien eres, que va mucho más allá de lo visible y lo palpable, y es esa energía que no puedes ver pero que sabes que existe. Ahondemos ahora un poco más en cómo podemos conocerla y manejarla para manifestar lo que deseamos en nuestra vida.

¿CÓMO FUNCIONA LA LEY DE LA ATRACCIÓN?

Una vez sabiendo que toda la realidad material es primordialmente energía, ¿cómo podemos utilizarla para alinearnos con nuestro mayor bienestar? ¿Cómo funciona el proceso de manifestación?

Ya aprendimos que lo que llamamos materia no son más que movimientos vibratorios. Todo en el universo tiene una vibración molecular: nada está en reposo, todo se mueve, vibra y circula en distintas frecuencias que se comunican entre sí. Tú VIBRAS porque estás formado por átomos y moléculas que responden a tu ENERGÍA.

Para comprender el proceso de atracción, es importante entender primero el concepto de RESONANCIA, que es el fenómeno que se produce cuando se acerca una onda interna a una onda externa, que vibran en la misma frecuencia, o en una similar, por lo que tienden a atraerse. Y, según el principio de resonancia, una vibración elevada no puede encontrarse con una vibración baja, porque están muy lejos la una de la otra.

RESONANCIA

Es decir: dependiendo de cómo estés vibrando en tu interior, vas a atraer situaciones en el exterior que sean un espejo de tu frecuencia vibratoria. Si estás vibrando en el

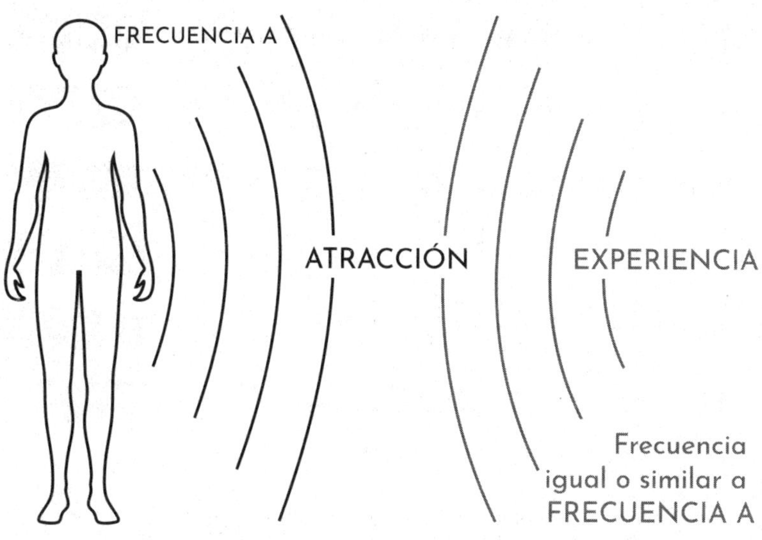

miedo de no ser aceptado, y por lo tanto eres complaciente en tus relaciones, lo más probable es que atraigas a personas que no te aceptan como eres en realidad. Si, por el contrario, estás vibrando en el amor profundo y la aceptación de quien eres, es probable que atraigas a personas que te aceptan y te valoran por lo que eres. A esto le podemos llamar un "*match* vibracional" o "encuentro vibracional": lo que eres y lo que experimentas en tu vida están vibrando en la misma frecuencia. Todas y cada una de las situaciones que viviste, vives y vivirás son encuentros vibracionales de tu frecuencia interior. Por eso es una buena idea que, en vez de preguntarte "¿por qué me pasa esto a mí?", te preguntes "¿cómo estoy vibrando para haber atraído esta situación? ¿Cómo puedo elevar mi vibración para atraer una manifestación más positiva en mi vida?".

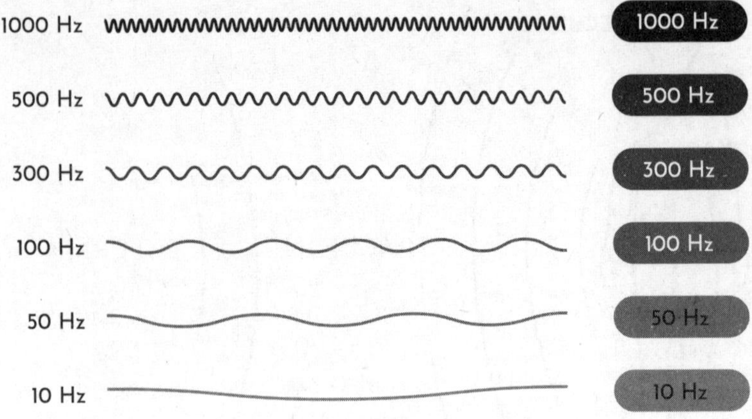

Las frecuencias se miden en Hz o hercios. Las frecuencias más altas tienen una frecuencia vibratoria más rápida, y las más bajas, más lenta. Por eso mismo, una frecuencia de alta vibración tiene el potencial de manifestar materia más rápido que una de baja vibración. En los siguientes capítulos aprenderemos cómo mantenernos en una frecuencia vibratoria elevada para poder manifestar más rápido, fácil, y sin tanto esfuerzo.

TU PUNTO DE ATRACCIÓN

La realidad que se refleja en tu vida es el encuentro o *match* entre tu vibración interior y la de lo que experimentas. Ahora bien, ¿cómo se crea nuestra vibración? ¿Cómo podemos modificarla para atraer situaciones elevadas y beneficiosas? A través de nuestro PUNTO DE ATRACCIÓN (PDA), que es nuestro campo vibracional.

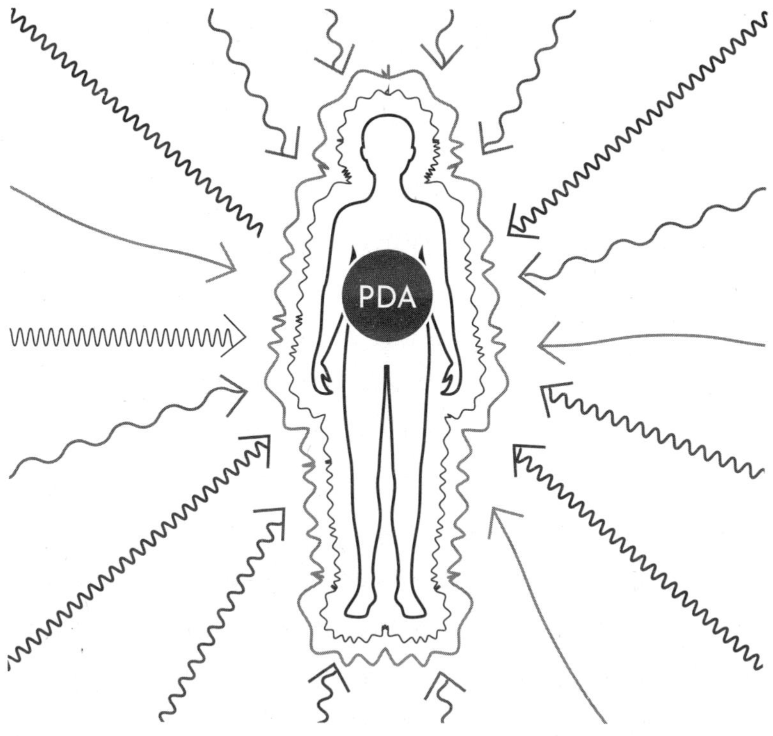

Tu PDA es la frecuencia desde la cual atraes cada situación que experimentas; está compuesto por tus creencias (pensamientos que son verdad para ti) + emociones (cómo te sientes en este momento) + momentum (cantidad de energía y tiempo invertida en esos pensamientos y esas emociones). Esta es la ecuación que debes tener siempre presente para manifestar. Vale la pena mencionar que, por lo general, tienes diferentes puntos de atracción para los distintos aspectos de tu vida; por eso a veces hay personas con muchísima abundancia económica, pero les va supermal en el amor, o algunas que tienen un sentido de propósito increíble y relaciones hermosas, pero no tienen dinero. Ahondemos un poco en qué significa cada aspecto de tu PDA.

Las **creencias** son pensamientos recurrentes, que has aceptado como verdaderos y que has repetido por un periodo prolongado. Por lo general, vienen de tus experiencias del pasado, en las que has tenido evidencia de que algo es real una y otra vez, así que decides aceptar como verdaderos los pensamientos que generaste ante esa situación. Por ejemplo: te engañaron varias veces en el amor y decidiste creer que todos los hombres son infieles. O tus papás se separaron cuando eras pequeño y decidiste adoptar la creencia de que las relaciones de pareja solo causan dolor.

Hay creencias constructivas, que te ayudan y te propulsan hacia tus deseos, y creencias destructivas, que no te funcionan para acercarte a tu mayor bienestar y te alejan de lo que deseas. Tus creencias destructivas demuestran tu nivel de resistencia, y tus creencias constructivas demuestran tu nivel de alineación con la Fuente. Más adelante hablaremos en detalle sobre cómo reprogramar todas las creencias que no te sirven.

Las **emociones** son el estado emocional interno que experimentas en cada momento presente. Toda la realidad futura la estás creando en el presente, según como te sientes sobre cada aspecto de tu vida. Lo que sucede es que la mayoría de las veces estamos pensando y sintiendo desde experiencias que nos marcaron en el pasado; creamos nuestro futuro desde un sentimiento anterior, lo que hace que experimentemos los mismos resultados una y otra vez. La buena noticia es que, al conectar con el momento presente desde una vibración elevada, y al traer consciencia a nuestras emociones recurrentes, podemos cambiar nuestro punto de atracción y, por lo tanto, nuestro futuro. En el capítulo 4 hablaremos más de cómo transmutar nuestras emociones para cambiar nuestro PDA.

El **momentum** es la cantidad de tiempo y energía que le has entregado a una creencia asociada con una emoción. Jerry y Esther Hicks lo explican de la siguiente manera: imagina que estás en la punta de una montaña y te das cuenta de que dejaste tu carro sin freno, y comienza a rodar hacia abajo con lentitud. Si lo notas a tiempo y te paras en frente de este para detenerlo, probablemente solo te daría un pequeño golpecito, porque sus llantas no tienen el suficiente impulso para causarte ningún daño. Vuelve a imaginar la misma escena, pero ahora tú estás al final de la montaña, viendo cómo tu carro va bajando a 100 km/h desde hace diez minutos; si te paras en frente, lo más probable es que no salgas vivo de ahí. El carro representa tus pensamientos y emociones sobre algún tema específico, y entre más tiempo los hayas practicado, más difícil será detenerlos.

Piensa, por ejemplo, que vas en tu bicicleta a gran velocidad y, de un momento a otro, decides cambiar de dirección y pedaleas hacia el otro lado; lo más probable es que te caigas de la bicicleta porque llevabas demasiado impulso, ¿cierto?

Así funcionan las creencias, que están ligadas al momentum: si toda la vida has creído que no eres suficiente y que no mereces amor, y hoy intentas creer que eres el ser humano más valioso del mundo, lo más probable es que te caigas de la bicicleta y no funcione. O si siempre has creído que tener abundancia económica es muy difícil y que solo lo logra cierto grupo de personas, al que tú no perteneces, lo más probable es que, si quieres comenzar a pensar que eres una persona abundante, te suene un poco falso y no lo creas.

La clave para disminuir el momentum de creencias negativas y aumentar el de creencias beneficiosas es, precisamente, detenerte y, paso a paso, con determinación y enfoque, ir cambiando tu vibración de dirección. En el capítulo 7 vamos a hablar más de cómo disminuir el momentum negativo y aumentar el positivo. Por ahora, veamos cómo elegir de manera consciente tu PDA.

ECUACIÓN DE MANIFESTACIÓN

PDA: Creencias + Emociones + Momentum

CREENCIAS, PENSAMIENTOS Y ATENCIÓN

Como ya vimos, el primer aspecto de nuestro PDA son nuestras creencias. Cuando "practicas" un pensamiento varias veces, con mucha convicción, se vuelve una creencia. Todo lo que ves, sientes, hueles, tocas, empezó primero como un pensamiento en tu mente, o en la de alguien más. Piénsalo así: mira este libro que tienes en tus manos, el papel de las hojas que lo componen, sus letras impresas, su portada, su tamaño: TODO FUE PRIMERO UN PENSAMIENTO. Vino desde una pequeña idea en mi cabeza y en la cabeza de los editores y diseñadores que lo co-crearon conmigo. Así como la música, la arquitectura, la política, el arte y la ingeniería, cada cosa empezó primero como una pequeña idea.

Entonces, ¿cómo puedo redireccionar mis pensamientos a mi favor? ¡Es fácil! Todos los pensamientos surgen de la dirección hacia la que estés enfocando tu ATENCIÓN. Los seres humanos tenemos la maravillosa habilidad de enfocarnos en una cosa o en otra, y adonde va tu atención, va tu energía; por eso tu atención es el primer aspecto para aprender a ser un maestro de la manifestación.

¿Cuál crees que es el recurso más preciado para las grandes compañías de redes sociales y medios de comunicación? Sí, tu ATENCIÓN. Sin tu atención, ni las redes sociales ni los anuncios publicitarios podrían sobrevivir, porque mientras más atención le das a un *post* o a otro, a una imagen o a otra, el algoritmo se alimenta de esa información y, así, puede conocerte mejor, para hacerte pasar más tiempo consumiendo su contenido en redes y para venderte más productos que se alineen con tus intereses. De la misma manera, entre más tiempo enfocas tu atención en redes sociales, más ganas te van a dar de pasar tiempo allí, y, si eres como yo, lo más probable es que, después de pasar más de una hora frente a tu celular, sientas que no eres tú quien consume las redes sociales, sino que ellas te consumen a ti.

En nuestra sociedad hemos aprendido a darles mucha atención a las cosas que están mal en nuestra vida y en el mundo. Las noticias son una de las mayores fuentes de malas noticias; en los países de Latinoamérica son la meca del miedo, la injusticia y la pobreza, porque un gran porcentaje de su contenido son MALAS noticias. En un país como el mío, Colombia, las noticias hablan a diario de robos y muertes. Si estás leyendo esto y aún miras o lees noticias, te recomiendo que no lo hagas. Algunos dirán, "pero hay que estar enterado de lo que pasa en el mundo", pero créeme: si algo importante sucede, TE VAS A ENTERAR. Las malas noticias son las primeras en saberse, así que no te preocupes, no pienses que vas a ser una persona inculta al dejar de ver o leer noticias.

En algunos países como Noruega, Suiza y Holanda, les otorgan grandes segmentos de tiempo en los noticieros a los avances tecnológicos, económicos, culturales, artísticos y educativos que se están dando en el país y en el mundo. ¿Adivina qué incrementa en Suiza? Los avances tecnológicos, culturales y económicos. ¿Adivina qué incrementa en Colombia? Las muertes y los robos. ¿Por qué? Porque a donde va tu atención, va tu energía, y como ya aprendimos, toda la materia es más energía que materia. Ahora, piensa en el poder que tiene que cientos de personas se enfoquen en un mismo tema durante una hora o más cada día; a esto se le llama la "consciencia colectiva", y, por lo general, está siendo dirigida por los medios de comunicación.

Pensemos, por ejemplo, hacia dónde estaba enfocada la consciencia colectiva en la pandemia del 2020: miedo, miedo y más miedo. Si estabas mirando con frecuencia las cifras de contagio en aumento, las muertes, los síntomas y las consecuencias del virus que mostraban en las noticias a diario, estabas siendo programado por el miedo. ¿Cómo hubiese sido todo si hubiéramos asumido esta situación desde la perspectiva del autocuidado, el amor y la compasión? Probablemente muy diferente. Lo que te propongo es que, ANTES de creer en todo lo que te venden y muestran los medios, y antes de creer en piloto automático en todo lo que piensas, primero utilices tu libertad de ELEGIR en qué y en dónde quieres ubicar tu atención.

La verdad es que no puedes ser consciente de TODO lo que piensas TODO el tiempo, porque si fueras consciente de toda la información a tu alrededor, no podrías funcionar. Los seres humanos tenemos más de sesenta mil pensamientos al día, y sería imposible ser conscientes de todos ellos. Imagina tu mente como un computador: cuando tienes muchas ventanas abiertas, se traba, se demora, se congela y deja de funcionar bien. ¡Pero, tranquilo! Poco a poco puedes ir eligiendo, con mayor consciencia, en qué y en dónde pones tu atención.

Hay una parte en el cerebro que se llama el Sistema Reticular Activador (SRA), que es una red de neuronas y células nerviosas que se encuentran entre el cerebro y la espina dorsal. Una de las funciones de tu SRA es enfocarse de manera selectiva en los aportes que son relevantes e importantes para ti, bien sea porque son necesarios para tu supervivencia, o porque son un *match* para tu sistema de creencias y expectativas, sin importar si son creencias que te benefician o no.

Por lo tanto, tu mente va a buscar y encontrar todo aquello en lo que ubiques tu atención. Hagamos un ejercicio muy común para entender tu SRA con más claridad:

busca en este momento, en el espacio en que te encuentres, todos los objetos que contengan el color ROJO. Busca el color ROJO a tu alrededor, observa el color ROJO y cuenta cuántos objetos tienen el color ROJO. ¿Listo? Ahora, piensa en cuántos objetos de color verde viste... Ninguno, ¿verdad? ¿Por qué pasa esto? Porque tu SRA estaba trabajando con toda tu atención para encontrar los objetos de color rojo, y al tener ese objetivo, ignora el resto de elementos que no tengan ese color. Tu SRA es como el lente de una cámara que puedes ajustar para que se enfoque en un objeto y desenfoque el resto del cuadro, volviéndolo borroso.

¿Te ha pasado, por ejemplo, que estás intentando acordarte de algo que quieres decir, bien sea el nombre de una película, o un dato histórico, y no logras recordarlo, pero tiempo después, mientras te estás bañando o haciendo cualquier otra actividad, te llegan por fin las palabras? Esto sucede porque le ordenaste a tu mente SRA que buscara una información y, aunque no estés activamente pensando para encontrarla, tu mente va a seguir trabajando para lograrlo. Por eso, aunque estés distraído o pensando en otras cosas, tu mente sigue trabajando en esos pedidos que le hiciste; está buscando crear esa realidad, aunque tú no la estés intentando encontrar de manera consciente.

Otro ejemplo es cuando vas a un concesionario de carros y ves uno que nunca habías visto en la calle y, después de esta visita, comienzas a verlo en todas partes. Esto pasa porque tu mente está enfocada y ha puesto relevancia en ello. Lo mismo sucede cuando estás en el aeropuerto y hay muchísima información a tu alrededor: dan varios comunicados por altavoz, hay letreros y anuncios publicitarios por todos lados, pero tú no eres consciente de nada de esto, a menos que digan tu nombre o el número de tu vuelo: ahí sí vas a escuchar, porque tu mente lo ha definido como importante para ti.

Funciona de la misma manera con las preguntas que te haces. Si te preguntas por qué todo siempre te sale mal, ¿qué crees que va a hacer tu mente? Encontrar TODAS las razones posibles por las que todo te sale mal: porque tuviste una infancia traumática, porque no tienes suficiente dinero, porque tu vecino es muy molesto... Incluso, aunque UN MONTÓN de acciones y sucesos hermosos estén pasando a tu alrededor en este instante —actos de caridad, personas que te aman, abundancia, oportunidades, seguridad para tu familia, bendiciones y milagros—, tú no los vas a notar, porque tu enfoque está en "todo me sale mal", "todo está mal". Tu mente siempre va a ir hacia aquello que le pidas buscar.

Cuando llegué a Estados Unidos a trabajar como niñera, tenía la creencia de que aprender a hablar inglés era muy difícil y que yo, en particular, no era muy buena con los idiomas. Por lo tanto, mi mente encontró todas las formas posibles de hacerme creer que aprender inglés fuera difícil. Entre más me hablaban, menos entendía; entre más clases tomaba, más confundida me sentía. Se me olvidaba muy rápido todo lo que aprendía y me sentía avergonzada por los malentendidos que se creaban entre otras personas y yo. Hasta que un día tomé la decisión de que iba a aprender inglés fuera como fuera, porque no me podía devolver a Colombia sin haberlo hecho. Mi enfoque cambió hacia uno más beneficioso para mí: "yo aprendo inglés rápido, con facilidad y sin esfuerzo", "yo aprendo inglés sí o sí". Dejé de darle la opción a mi mente de pensar que aprender inglés era difícil y me COMPROMETÍ con la única opción que tenía y que en realidad quería: aprender inglés pasara lo que pasara. Una de las herramientas que usé para convencerme de que podía hablar inglés con facilidad fue escribir en un papel gigante en la pared frente a mi cama: *I love speaking in English, it's easy for me, I am very fluent at it and I enjoy it* (amo hablar en inglés, es fácil para mí, soy muy fluida y lo disfruto). De esta forma, entrené a mi mente para que ese fuera mi primer pensamiento en la mañana. En el siguiente capítulo te compartiré el poder de las afirmaciones, cómo utilizarlas y crearlas.

Uno de los momentos más importantes para darle indicaciones claras a tu SRA es en la mañana, porque cuando duermes, tienes un pequeño *reset* y tu mente queda como un lienzo en blanco, dispuesta a recibir las órdenes de hacia dónde enfocarse. Por eso, si te levantas pensando en piloto automático: "agh, qué día tan horrible, dormí poquito, no me gusta mi trabajo...", tu mente va a buscar todas las razones para que tu día sea horrible, te sientas cansado y odies tu trabajo un poco más. Por el contrario, si cuando te despiertas eliges poner tu atención en "hoy es el mejor día de mi vida, solo porque así lo decido", eso es lo que vas a crear. ¿Qué tal si durante esta semana les prestas especial atención a tus primeros pensamientos al despertar, y con intención eliges ubicar tu atención en una afirmación que te traiga bienestar? ¡Inténtalo y me cuentas cómo te va!

TU CEREBRO NO ENTIENDE EN NEGATIVO

El cerebro humano está programado para enfocarse y para pensar. Lo que sucede es que, a veces, nos enfocamos de manera consciente, y otras, de manera inconsciente (piloto automático).

Como ya aprendimos, donde pones tu atención, pones tu energía, y cada pensamiento que emites tiene una vibración que emana una señal hacia el universo, que dice, "ESTO ES LO QUE QUIERO". Por eso se llama ley de la ATRACCIÓN y no de repulsión, porque todo aquello en lo que te enfoques —bien sea que lo quieras o no— es lo que vas a recibir, como un reflejo de tu enfoque. Por esta razón, no puedes "no atraer algo" o "repeler algo", pues al pensar en lo que no quieres, sigues enfocándote en ello. De allí viene la famosa frase "Lo que resistes, persiste", porque, al resistirlo, le estás dando más fuerza.

Hagamos este ejercicio: imagina un hermoso y enorme elefante. Visualiza sus patas gigantes, su piel reseca y gris, su trompa alargada y mocosa, sus ojos brillantes y sabios, y ten mucho cuidado de NO imaginar unas alas rosadas saliendo de su lomo. NO imagines unas alas rosadas gigantes saliendo de la espalda del elefante. ¿Qué es lo primero que imaginaste? Exacto: un elefante con alas rosadas, porque no puedes "no pensar en algo". O, bueno, para "no pensar en algo" tienes que centrar tu atención en otra cosa; por eso es importante que, al elegir en dónde centrarás tu atención, según lo que deseas, te enfoques en lo que SÍ quieres atraer y no en lo que quieres alejar de ti.

NO ERES TUS PENSAMIENTOS, PERO SÍ PUEDES ELEGIRLOS

Tu sistema de creencias y otros pensamientos subconscientes están pasando por tu mente en piloto automático todo el tiempo, y muchas veces generan una reacción emocional en tu cuerpo. Es por esto que a veces no sabes por qué te sientes como te sientes. Estos pensamientos, que están tan engranados en tu sistema, los has venido practicando desde que eras pequeño y los has asociado con tu identidad. Básicamente, los has creído como la verdad de quien eres, has creído que hacen "parte de ti" y de lo que eres.

Por eso, cuando intentas enfocar tu atención en un pensamiento opuesto a lo que has practicado durante toda tu vida, parece difícil y falso. Sientes como si te estuvieras intentando convencer de una GRAN mentira. Si tu creencia repetitiva es "no valgo nada; por eso nadie me ama", y quieres empezar a pensar "soy muy valioso y las personas me aman", se siente forzado, incómodo e irreal.

La mayoría de los pensamientos que has apropiado como tuyos son las creencias que tus padres o las personas que te cuidaron te transmitieron cuando eras pequeño, porque antes de los ocho años los humanos no tienen una autoimagen ni una percepción del mundo propias, sino que experimentan el mundo a través de lo que sucede a su alrededor. Entonces, si cuando eras pequeño recibiste abusos físicos y golpes, tu mente generó la creencia automática de "golpear a las personas es normal", "me merezco ser maltratado", o "si no hay golpes, no hay amor". Lo que les pasa al 99% de las personas en el mundo es que se quedan con esas creencias, asumiendo que son la verdad, y no se cuestionan si lo que piensan es verdad o no, si es beneficioso para ellas o no, si viene desde el amor o no, si hay otras formas de ver el mundo o no, y, sobre todo, no se hacen cargo de reprogramar su mente. Sea lo que sea que hayan vivido cuando niños, es responsabilidad y derecho de cada uno elegir en qué quieren creer sobre ellos, sobre la vida, sobre las relaciones y sobre el mundo, aquí y ahora.

La clave para aprender a elegir de manera consciente tus pensamientos es entender tu identificación con ellos. Es, primero, convertirte en el OBSERVADOR, traerlos a la consciencia y NOTAR que estás eligiendo creerlos, y empezar a verlos por lo que son en realidad: pensamientos, ideas etéreas y sin forma que son solo una percepción de la realidad, pero no la realidad en sí misma. La única fuente que le da poder a tus pensamientos y que los hace convertirse en realidad eres tú mismo; es tu identificación con ellos, es el hecho de que tú determinas y te apegas a la idea de que algo es verdad o no, que digas "esto soy yo y hace parte de mí". De otra manera, serían solo entes amorfos que van y vienen, que califican lo que es "bueno o malo", que juzgan y categorizan, y que quieren encontrar soluciones a problemas que ellos mismos crearon.

Tu mente es un gran servidor, pero un líder terrible. Está diseñada para protegerte, para encontrar razones lógicas que te hagan sentir en control del mundo que te rodea (del cual no tienes ningún tipo de control), para hacerte sentir a salvo; por eso, si dejas que tu mente te lidere y decides creerle todas las historias que te cuenta, es probable que termines encerrado en tu cuarto, paralizado por todas las razones peligrosas por las cuales podrías morir. Tu mente siempre va a encontrar la manera de mantenerte a salvo, y aunque esto sería muy útil si nos estuviéramos enfrentando a una bestia o un animal salvaje, la verdad es que, la mayoría de las veces, en vez de protegernos, nuestra mente nos limita y nos deja atascados en la zona de confort. Imagina que tu mente es como una jaula que, en apariencia, te "protege" de todos los peligros del mundo, pero al mismo tiempo te encierra dentro de ti mismo. Te quita la oportunidad de explorar y conocer el mundo como en realidad es: lleno de infinitas posibilidades. Por más control que creas tener, NO LO TIENES.

La mejor forma de des-identificarte de tus pensamientos y no otorgarles poder es observarlos con distancia, como si alguien distinto a ti los estuviera pensando, como si fuera una voz loca y neurótica dentro de ti hablando todo el tiempo, la cual escuchas con compasión. No resistas esta voz ni intentes cambiarla, juzgarla o pelearle. Imagina como si estuvieras escuchando a una persona internada en un hospital por trastornos psiquiátricos; dependiendo de su enfermedad, lo más probable es que no logres entablar una conversación coherente con esta persona, así que solo puedes escucharla con distancia, curiosidad y compasión. Ubica tu atención en quién observa los pensamientos (tu consciencia) y no en lo que dicen.

OBSERVAR TUS PENSAMIENTOS A DIARIO

La mayor práctica espiritual
es la auto-observación sin juicio.
Swami Kripalu

Para movernos hacia donde queremos ir, primero tenemos que reconocer en dónde estamos. Por eso, para comenzar a reprogramar nuestro enfoque y nuestras creencias, primero tenemos que traer a la consciencia las creencias que están activas en nuestro subconsciente. La mayoría de las veces que nos auto-observamos, vemos nuestros pensamientos, nuestras emociones y nuestros comportamientos con juicios, desde la perspectiva de la víctima: "qué horrible eso que hice", "no sé cómo dejar de pensar en eso", "no debería estar sintiéndome así". Por eso, lo que vamos a empezar a hacer es observar nuestros pensamientos con curiosidad y consciencia, como si de alguna manera estuviéramos mirando los de alguien más.

Regálate por lo menos veintiún días para observar la voz en tu cabeza con distancia, para conocerla, entender sus miedos, sus mañas, su neurosis y su necesidad de controlarlo todo. Entre más la puedas observar sin reaccionar, más fácil te será usarla a tu favor, sin dejar que ella te use a ti. Algunos animales pasan por el proceso de *stalking*, que consiste en acechar a su presa. Lo que hacen es que, por varios días, la observan para estudiar sus patrones de comportamiento: a qué hora come, cuándo duerme y de quiénes se rodea, para que cuando la encuentren en un momento de debilidad, puedan atacarla con facilidad. Eso es lo que vas a hacer con tu mente: acecharla como tu objeto de estudio. Entre más consciencia tengas sobre tus patrones de pensamiento y tus conversaciones internas, más fácil va a ser redireccionar tu atención hacia creencias que te funcionen y sean beneficiosas para ti. Recuerda: si el conocimiento es poder, el auto-conocimiento es poder personal.

Meditar es mi práctica favorita para tomar distancia de mis pensamientos. Si tienes una práctica de meditación que te guste, ponte un horario y un lugar en donde puedas realizarla a diario. Si no sabes meditar y te gustaría aprender, acá te dejo un video en el que te enseño paso a paso cómo comenzar a hacerlo:

Y si definitivamente crees que la meditación no es lo tuyo, la verdad es que no necesitas estar sentado en posición de loto para tener una práctica de observación de tus pensamientos. Un momento fantástico para observar la voz en tu cabeza es mientras te estás bañando: en esos instantes puedes notar todas las conversaciones automáticas y los comentarios de tu mente.

Te invito a que imprimas el calendario de consciencia que encontrarás en el código QR y lo pegues en la pared de tu baño, donde sea visible. Todos los días, cuando entres a bañarte, haz la práctica consciente de observar los pensamientos que pasan por tu mente; acéchalos como si fueran tu "presa". Solo obsérvalos, no hagas nada, no intentes nada; obsérvalos y déjalos pasar. Enfoca tu atención en la parte de ti que los observa y no en lo que estos dicen. Es probable que al inicio de este ejercicio sea algo así: "¡Tengo tanto por hacer hoy! Me tengo que bañar rápido o si no voy a llegar tarde. Este champú huele delicioso, pero me deja el pelo horrible. ¿Cómo me vería si tuviera barba? Qué rica está el agua". Sin embargo, es probable que con la práctica de observación vayas encontrando patrones de pensamiento repetitivos asociados con el control, la preocupación, la rabia o el miedo, y te será más fácil conocer a esa vocecita en tu interior para, poco a poco, comenzar a transformarla. Mientras más practiques, más podrás descansar en la consciencia del observador: esta consciencia que observa es la que tiene todo el poder de elegir. No olvides, al terminar de bañarte, marcar con una flechita el día en el calendario, para que puedas llevar seguimiento de tu progreso.

Una vez observastus pensamientos con distancia, puedes notar de manera consciente hacia dónde estás enfocando tu atención. A veces, cuando estamos muy cerca de un objeto, no nos damos cuenta de todo lo que hay a su alrededor; es solo al tomar distancia que podemos ver todas las posibilidades que existen, y desde esta consciencia podemos ELEGIR. La libertad de elegir nuevos pensamientos viene única y exclusivamente cuando te haces consciente de que no eres lo que piensas, pues cuando estás identificado con ellos, crees que "son la verdad", y si tratas de ubicar tu atención en otro pensamiento, se va a sentir forzado, como si estuvieras intentando "no pensar en ello", y, como hemos aprendido, eso no funciona.

Espacio de consciencia

Regálate unos minutos para hacerte consciente de qué estás pensando y en dónde estás enfocando tu atención en cada una de las áreas de tu vida, con honestidad, curiosidad, y, sobre todo, sin juicios. ¿Cuáles son las creencias que has aceptado como ciertas, bien sea porque vinieron de tu familia, o por alguna experiencia específica? **Ejemplo: Yo creo que soy una persona poco disciplinada, con muchos sueños, pero que procrastina mucho para lograrlos.**

Yo creo sobre mí mismo/a:

Yo creo sobre la vida:

Yo creo sobre las relaciones de pareja:

Yo creo sobre mi familia:

Yo creo sobre mis amigos:

Yo creo sobre el dinero:

Yo creo sobre mi trabajo:

Yo creo sobre Dios/la Fuente/el universo:

Cuando hayas reconocido tus creencias y sepas en dónde estás enfocando tu atención, escribe qué tipo de resultados te ha traído pensar así, creer lo que crees. ¿Cómo se ve reflejada en tu realidad la manera en la que piensas? ¿Qué has manifestado con esas creencias? ¿En dónde estás? Trata de ser lo más objetivo posible; mira los resultados por lo que SON aquí y ahora. ¿Qué realidad han manifestado mis creencias? **Ejemplo: Cada vez que intento emprender un proyecto, no lo cumplo porque tengo la creencia de que no voy a poder. En mi relación con el dinero atraigo solo cantidades limitadas, por mi creencia de que hacer dinero es muy difícil.**

La idea de este ejercicio es que veas el paralelo entre tus creencias y tu realidad. ¿Notas cómo la forma en que piensas influye en la realidad que manifiestas? ¿Notas con más claridad en dónde ubicas tu atención y tu energía?

En mi relación conmigo mismo/a:

En mi vida en general:

En mi relación de pareja (o mis relaciones del pasado):

En la relación con mi familia:

Con mis amigos:

Con el dinero:

En mi trabajo:

En mi relación con Dios/la Fuente/el universo:

____

____

____

____

Ahora que ya sabes en dónde estás, vamos a movernos hacia donde quieres ir.

ELIGE CONSCIENTEMENTE EN QUÉ TE ENFOCAS

Tus pensamientos son el portal en el que comienza el proceso de manifestación; es ahí donde surge la semillita de la posibilidad. Cuando un pensamiento es real en tu cabeza, tiene el potencial para serlo también en tu experiencia, porque tus pensamientos son el proceso de gestación de la realidad. Sin embargo, es importante estar en el estado mental correcto para ver las oportunidades que se te presentan, porque pueden estar pasando en frente de ti y, por estar enfocado en lo que NO quieres y en las conversaciones que siempre te has contado, no las ves.

Tus pensamientos (gracias a tu Sistema Reticular Activador) son como un programa radial: cuando te sintonizas en la estación de música rock, no vas a escuchar reguetón, sino solo rock. Cuando estás sintonizado en la estación radial de "amo mi vida", van a llegar solo razones y oportunidades para que ames tu vida y confirmen ese pensamiento. Cuando estás en el programa de "no soy suficiente", vas a encontrar todas las razones para probar que esa creencia es verdad.

Una vez entiendes dónde estás, puedes elegir hacia dónde quieres ir; ahí comprendes que tú eres la consciencia detrás de tus pensamientos, un ser espiritual viviendo una experiencia humana, que tiene la libertad y la soberanía para elegir creer lo que quiera. Entonces, ¿qué quieres crear? ¿Qué quieres elegir creer? ¿Qué posibilidad quieres abrir para tu vida? ¿Qué quieres elegir pensar sobre las situaciones que has vivido y las personas que te han rodeado? ¿Qué quieres elegir creer sobre ti mismo, en medio de esas situaciones? ¿Qué quieres creer que es posible? ¿Quién decides creer que eres?

Para manifestar tu realidad es importante tener la visión clara de lo que quieres. Así que vas a entrenar tu mente para que se enfoque en lo que SÍ quiere, pero para que esto suceda, tienes que definir primero QUÉ quieres. Imagina que el universo es como un bufé de comida, en el que hay una infinita variedad de opciones. Cuando estás frente al bufé, ¿te enojas, te quejas y criticas todas las opciones de comida que NO te gustan? ¿Te pones a llorar y te quedas paralizado porque hay muchas opciones que no toleras? ¡No! Solo eliges lo que sí te gusta, y ya; el resto, lo ignoras y no le das tu atención. Lo mismo pasa en un restaurante: ¿le pides al mesero que te sirva lo que él quiera? Tal vez no, porque puede que te sirva comida que no te gusta o a la que eres alérgico. La única persona que puede elegir qué comer eres tú mismo. ¡Eres tú quién elige! Todas las opciones están disponibles para ti, y es tu elección si escoges comida que te gusta y te hace bien, o no.

Imagina esto: entras a Amazon a comprar algo y das la instrucción de que te manden "lo que sea que haya disponible de cualquier tienda"; te podría llegar cualquier cosa. ¿Harías eso? No lo creo, ¿verdad? Siempre que vas a comprar algo eliges EXACTAMENTE lo que quieres. Con las manifestaciones de tu vida funciona igual. En vez de lidiar con lo que te presenta la vida de manera aleatoria, primero aclara lo que quieres experimentar.

ACLARA LA VISIÓN DE LO QUE QUIERES

Es muy importante que seas específico a la hora de elegir hacia dónde quieres ir y qué quieres experimentar, para saber en qué dirección moverte; al marcar un destino claro, tu mente va a encontrar todas las formas de traerte ese resultado. Los navegantes marítimos de navíos o grandes barcos siempre se hacen estas dos preguntas: ¿dónde estamos? y ¿hacia dónde vamos? La noción de dónde están les deja saber con qué condiciones cuentan aquí y ahora para, según eso, moverse hacia donde quieren ir, pues, sin un destino claro, no pueden saber hacia dónde ir.

En el mundo existen dos energías primordiales, el amor y el miedo. Por lo tanto, hay dos formas principales de pensamientos: pensamientos de amor o pensamientos de miedo, pensamientos desde la Fuente o pensamientos desde tu yo limitado, pensamientos beneficiosos o pensamientos dañinos, pensamientos constructivos o pensamientos destructivos. Una herramienta que me ayuda mucho a crear desde el amor es preguntarme ¿qué quiere la gran Fuente de amor y abundancia para mí en esta área de mi vida? ¿Cuáles son las posibilidades que tiene la gran Fuente para mí? ¿Qué quiere mi alma vivir en este momento? ¿Qué desea mi corazón en esta área de mi vida? Cuando eliges tu norte y empiezas a hacer un plan desde el ego, el control o el miedo, vas a sentir ansiedad; el hecho de que las cosas no salgan como tú quieres te va a generar mucha preocupación. En cambio, si eliges como norte el destino más amoroso que tiene la Fuente para ti, y comienzas a pensar no desde lo que tú quieres, sino desde lo que quiere ser experimentado a través de ti para tu mayor bien y el de los que te rodean, todo se siente mucho más tranquilo y amoroso.

Espacio de consciencia

Supongamos que quieres nuevos clientes para tu empresa. ¿Quiénes son tus clientes ideales? ¿Qué personalidad, intereses y actitudes tienen? ¿Cómo se acercan a tu empresa? ¿Qué piensan de tu empresa? ¿Cuánto te gustaría ganar cada hora, mes, año? ¿Cada cuánto te reúnes con tus clientes? ¿Qué obtienen tus clientes en el intercambio con tu empresa? Define exactamente lo que quieres creer y establece una experiencia fácil y fluida desde el inicio. Algo muy importante es que escribas todo en el momento presente, como si estuviera sucediendo ahora: "mis clientes son...", "yo gano al año...", etcétera. Al hacerlo de esta manera, le declaras a tu mente que lo que deseas ya está sucediendo, que es una realidad y es posible, porque así lo crees tú. Te recomiendo que comiences todas las oraciones con "YO" o "YO SOY".

Tómate unos minutos para describir en detalle qué quieres elegir creer que es posible. Escoge cada una de las áreas de tu vida que consideres importantes para ti y describe qué quieres elegir creer. ¿Qué desea tu corazón? ¿Cómo te gustaría experimentar esta área de tu vida? ¡Permítete soñar en grande! La idea es que se sienta emocionante y alineado con la verdad de tu corazón, con eso que sabes que fuiste traído a esta vida humana a experimentar. Date el permiso de declarar nuevas posibilidades, incluso si sientes un poco de nervios al hacerlo, porque lo sientes como una realidad "demasiado grande para ti". **Ejemplo: Elijo creer que yo soy capaz de cumplir todo lo que mi corazón desea. Yo soy la influenciadora femenina de transformación espiritual y personal más grande de Iberoamérica. Yo soy la mayor líder y *speaker* femenina en escenarios del mundo, que inspira y transmuta la energía hacia la luz de Dios de millones de personas. Yo soy una escritora *best seller*. Yo siempre atraigo a personas alineadas con mi mensaje. Mi empresa genera más de XXXXX millones al año. Yo tengo una relación sana y amorosa con mi pareja. Todos mis amigos son exitosos y de alta vibración.**

Elijo creer sobre mí mismo/a:

Elijo creer sobre las relaciones de pareja:

Elijo creer sobre mi familia:

Elijo creer sobre mis amigos:

Elijo creer sobre el dinero:

Elijo creer sobre el trabajo:

Elijo creer sobre mi espiritualidad:

Cualquier otra área que consideres importante:

EL MÉTODO DE LOS DIECISIETE SEGUNDOS

Este método es uno de mis favoritos, porque es MUY sencillo y rápido, y es el ejemplo perfecto del impacto de prestar atención a un pensamiento por un tiempo específico. Lo que vamos a hacer es pensar en algo que desees durante diecisiete segundos, como si ya hubiera pasado, y como si lo estuvieras viviendo en este instante. Como ya te expliqué, cuando te enfocas en algo, tu SRA hace que veas evidencia de esto, y cuando piensas en cualquier cosa sin ninguna resistencia, te vuelves un *match* de vibración para esa experiencia. Jerry y Esther Hicks plantean que solo necesitas diecisiete segundos para que tu mente genere otros pensamientos alineados y relacionados con aquello que deseas y para que comiences a crear momentum. Si te enfocas durante diecisiete segundos SOLO en lo que SÍ quieres, vas a abrir la posibilidad en tu cabeza de "hmmmm, de pronto, esto sí es posible para mí", porque lo estás pensando como si ya hubiera sucedido.

No te preocupes si lo haces por diecisiete segundos, por veinte o por un minuto; esos son solo detalles para que puedas practicar la vibración de lo que quieres atraer. Asegúrate de no hacerlo por menos de diecisiete segundos, ni hacerlo por tanto tiempo, para que tu yo limitado no tenga la oportunidad de intervenir con sus dudas y miedos.

Es más fácil practicar con cosas que son sencillas y poco importantes para ti, porque hay menor probabilidad de que generes resistencia en tu vibración. Un ejemplo que pongo en mi video de YouTube "Método de manifestación en 17 segundos" es empezar a practicar pensando en ELEFANTES por diecisiete segundos.

¿Cómo hacerlo? Pon un temporizador por diecisiete segundos y, durante ese tiempo, imagina que estás frente a un elefante, de la manera más vivida y realista que puedas. Convence a tu mente de que en realidad estás frente a un elefante aquí y ahora; piensa en su color, su textura, su olor, qué tan grande es con respecto a ti, cómo son su trompita, sus ojos; cómo te sientes estando cerca de él. Imagina el elefante tan vívido como puedas y piensa que es posible para ti tener un elefante así de cerca. La clave es que en realidad sientas la emoción de tenerlo en frente (más adelante vamos a hablar más sobre las emociones), pero por ahora sumérgete en el ejercicio y siéntelo tan real como puedas. Si lo haces todos los días, vas a ver cómo aparecen elefantes por todas partes: vas por la calle y pasas por un templo lleno de elefantes, entras a Instagram y solo te salen elefantes, tu mamá te invita a una tienda que tiene la palabra *elefantes* en su nombre, y así. Practícalo todos los días hasta que lo sientas tan real que se manifieste en tu vida. Recuerda que, para que el proceso funcione, durante esos diecisiete segundos no puede haber ninguna resistencia ni emoción negativa. Yo lo practico continuamente, ¡y de verdad funciona! Acá te dejo algunos testimonios de las personas de mi hermosa comunidad que también lo han aplicado:

1 year ago 10 suscriptores

Es increíble se me cumplió en minutos, si funciona! La mente es muy poderosa
No es magia, ni charlatanería, es Real .

1.3K REPLY

1 month ago (edited) 1 suscriptores

Hoy lo intentaré por primera vez, iniciaré con algo pequeño
pero que he querido desde hace tiempo, ya contaré como me fue <33
(Editado)
FUNCIONOOOOOOO a los dos días obtuve lo que pedi, fue el domingo
pero como estuve ocupada no tuve timepo de ponerlo, pero funciona.
Creo que la clave son las vibras que tengas.

1 year ago 9 suscriptores

¡Oigan! ¡Este método sí funciona!
Estuve haciéndolo durante varios días porque quería ir a caminar con el
muchacho que me gusta, ¡y cuando le pregunté me dijo que sí!
Luego, un día antes me dijo que ya no iba a poder ir,
pero yo estaba segura de que sí íbamos a ir juntos. ¡Y así fue!
¡El mismo día en que teníamos planeado ir a caminar, me dijo que sí podía
y nos la pasamos muy bien! A veces el universo solo quiere sorprendernos,
pero estén seguros de que sus deseos se van a cumplir.

1 year ago

Vine a dejar mi comentario, porque en verdad SI funciona.
El miércoles presente un examén de idiomas que era super
importante para mi y además necesitaba sacar notas especificas,
estaba SUPER nerviosa de los resultados sentía que lo habia
hecho mal. Pero empecé a manifestar todos los días a imaginarme
como sería ese día con los resultados y me fue justo como quería!
Tenga fé y cuando sientan esos malas vibras solo traten
de ignorarlas y imaginense que ya lograron su objetivo!

61 REPLY

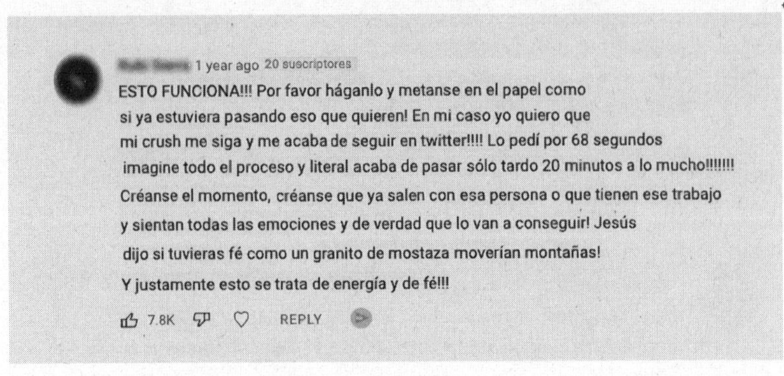

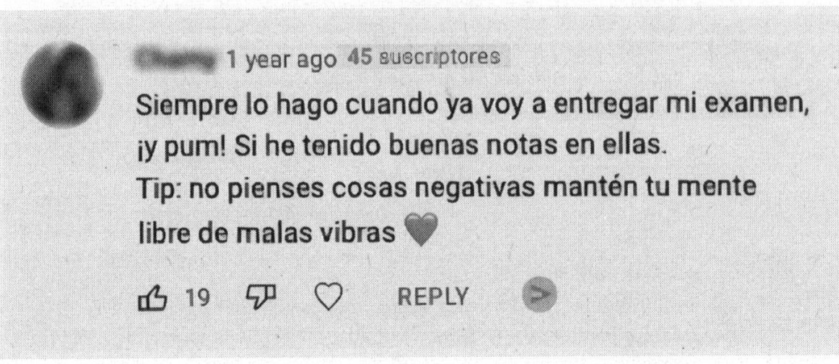

Yo, por ejemplo, amo viajar, como la buena sagitariana que soy, y siempre tengo ideas nuevas de viajes a los que quiero ir. Algo que me encanta hacer para practicar este método es mirar videos en YouTube de gente que camina por las calles de ciudades específicas y van mostrando todos los detalles de estas. Los títulos de los videos son "Caminando por las calles de São Paulo" o "Caminando por las calles de París". Vale la pena mencionar que para practicar el método no necesariamente tienes que estar con los ojos cerrados, meditando: puedes ver historias de éxito de gente que haya logrado lo que tú deseas, imágenes que te inspiren o videos. Mi favorito en este momento es "Caminando por las calles de Japón", porque es el viaje que quiero hacer; ahí puedo ver a la gente por la calle, los detalles de los letreros en otro idioma, y la verdad es que siento como si fuera yo quien estuviera caminando por ahí. Esto lo que hace es que empieza a gestar la idea de que estar en Japón es posible para mí.

¿QUÉ HACER CON LOS PENSAMIENTOS NEGATIVOS INTRUSIVOS?

¿Qué pasa cuando estamos intentando definir lo que deseamos y vienen pensamientos de duda, negatividad o miedo? Como cuando intentas crear la imagen de una pareja feliz, y de inmediato, te llegan los pensamientos de "pero si nunca he tenido una pareja, no soy lo suficientemente atractivo, siempre atraigo personas que no me gustan", etcétera. Tenemos que entender que cuando creemos que algo es "verdad" es porque hemos tenido una experiencia en el pasado que nos hizo tener esa perspectiva sobre cómo es la realidad, y nuestra mente cree que, al pensar lo suficiente en esa realidad dolorosa, va a poder protegernos para que no vuelva a suceder.

Nuestra mente capta un suceso del exterior con una perspectiva que nos hace tener una reacción emocional hacia nuestro ambiente. Funciona de la siguiente manera: SITUACIÓN-INTERPRETACIÓN-EMOCIÓN. Algo sucede, lo interpretas de una manera específica, y esa interpretación genera una emoción. Pero no es el mundo exterior o la situación actual lo que causa tus emociones, sino tu filtro mental o tu conversación interna de interpretaciones o perspectivas. Estos pensamientos han quedado engranados en el lugar menos confiable para guardar algo: tu memoria. Esta va a defender una versión modificada de la realidad, según tus interpretaciones de lo que pasó, y no sobre lo que en realidad sucedió.

Entonces, ¿cómo controlar estos pensamientos negativos e intrusivos, que se sienten tan fuertes, reales y tan difíciles de cambiar, y que además vienen de la nada y no tenemos control sobre ellos? Lo primero, es entendiendo que estos pensamientos hacen parte de tu yo limitado; de esa parte de tu ser que se apega a ideas que generan sufrimiento y disonancia en tu vibración. Y la verdad es que NO PUEDES CONTROLARLOS. No puedes hacer que dejen de aparecer. Lo único que puedes hacer es dejar de darles poder, siguiendo estos pasos:

1. CONOCERLO: La mejor forma que he encontrado de "controlar" y detener a mi yo limitado es conocerlo y traerlo a la consciencia. Un truco útil que me sirve mucho (sobre todo cuando tengo ansiedad) es ponerle un nombre a esta voz: egolín, Alexandrita, pequeño ser, como prefieras llamarle. Así, vas a poder separarte de él y verlo como "ahhh, otra vez está Alexandrita hablando". Una vez lo nombres, obsérvalo con detenimiento, tanto como puedas: observa lo que piensa tu mente, nota qué está pensando. Solo obsérvalo y, entre más lo hagas, tendrás más distancia y podrás conocer sus patrones de inferioridad, superioridad, juicio, falta de merecimiento o negatividad.

2. DISMINUYE SU IMPORTANCIA: Imagina que esta voz de tu yo limitado no tiene ni idea de lo que está hablando, o que simplemente es un niño pequeño herido, que no tiene una buena conexión con la realidad. Así, puedes quitarle el poder y dejarlo pasar con facilidad: escúchalo hablar y deja que sus ideas pasen sin apegarte a ellas, sin preguntar por qué dice lo que dice ni intentar cambiarlas. Deja que pasen mientras tú permaneces en el asiento del observador.

3. SUAVIZARLO Y ELEGIR: Una vez te des cuenta de lo que tu yo limitado está haciendo en tu cabeza y de lo adicto al dolor y al control que es, vas a ayudarle a bajar hacia el espacio de tu corazón y a encontrar un pensamiento que se sienta más alineado con el amor. Puedes ayudarlo a hallar una nueva perspectiva. Si te das cuenta de que es un pensamiento dañino para ti, que se siente mal, que te hace daño y está alejado del amor, ¡elige uno nuevo! Tú estás a cargo y eres libre de elegir. Vas a replantear esos pensamientos por unos más amorosos, como si fuera tu mejor amiga quien te estuviera dando un consejo (hablaremos más en profundidad de esto en el capítulo 6). Enfócate sobre todo en algo que SE SIENTA como un alivio, que traiga relajación a tu cuerpo físico, que te haga sentir tranquilo. Esto suele ser más fácil cuando piensas desde una perspectiva más general, como si estuvieras viendo el problema desde lejos, desde los ojos de alguien que está afuera de ti, pero que te ama. Por ejemplo, si estás pensando en que tienes

miedo porque no sabes si vas a terminar ese proyecto y estás usando tu mente para preocuparte, puedes pensar algo más general, como "siempre he terminado lo que me he propuesto", "estresarme nunca me ha ayudado a terminarlo más rápido", "lo único que está en mi control en este momento son las acciones que tomo en este instante", "si me propongo hacerlo con la mejor actitud y energía, de seguro lo voy a acabar".

Recuerda que este punto no puedes hacerlo desde el inicio, porque se va a sentir forzado y difícil: primero lo observas, le quitas la importancia, y, cuando ya te sientes más tranquilo, es ahí cuando puedes replantearlo, no antes.

4. AFIANZAR: Una vez elijas una versión más poderosa de pensamiento, vas a demostrarte, con evidencia, que tu nueva creencia es real para ti. Así que, si eliges creer "yo soy una persona proactiva", vas a ejecutar una acción que demuestre que crees en ello como una verdad. En el capítulo 7 hablaremos más de esto.

5. PROTEGERLO: Tu yo limitado es muy influenciable, así que le presta mucha atención a cualquier pensamiento que sea similar a las creencias de tus padres o de otras personas a tu alrededor, como las redes sociales o las figuras de autoridad que impactan tu vida. Escoge a qué quieres exponer tu mente, porque es muy probable que lo creas y lo repitas. Observa si esos pensamientos son realmente tuyos, si es la voz de tus padres dentro

de tu cabeza o una condición de "lo que deberías ser", según la sociedad. Ten mucho cuidado con qué tipo de influencias externas permites en tu vida, pues todo lo que escuchas, ves y percibes en tu contexto influencia la forma en que percibes el mundo.

Volverte el líder de tu yo limitado y no dejar que dirija tu vida toma práctica, pero poco a poco vas a empezar a hacerte más consciente de esto. Entre más observes a esa voz en tu interior con perspectiva, te vas a volver mejor en atraparla en el acto y vas a poder interrumpirla para crear una creencia beneficiosa para tu vida.

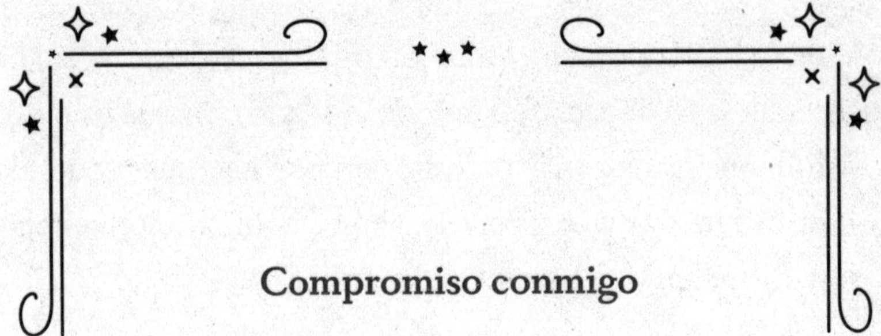

Compromiso conmigo

Desde hoy entiendo que la realidad
es más energía que materia.

Entiendo que la realidad que experimento
es un resultado de mi punto de atracción,
y comprendo el inmenso impacto que tiene
mi atención en la creación de mi realidad.

Me comprometo a observar mis pensamientos
a diario, sin juicios, sin control, ni identificación,
sino desde la consciencia del observador.

Sabiendo dónde estoy,
elijo con libertad, responsabilidad y compromiso
hacia dónde voy, porque entiendo
que es mi derecho divino.

Enfoco mi atención en lo que SÍ quiero,
porque comprendo que las posibilidades
son infinitas si así decido creerlo,
y todo lo que necesito se encuentra
dentro de mí, ahora.

PASO 4

EMOCIONES

¿CÓMO TE QUIERES SENTIR?

Piensa en esto: ¿para qué quieres lo que quieres? Parece una pregunta sencilla, pero es la más importante para entender en realidad cómo manifestar con la ley de la atracción. Tómate unos segundos para pensarlo: ¿para qué quieres lo que quieres?

Supongamos que quieres más dinero, ¿para qué lo quieres? Podrías responder algo como "Para poder pagar el arriendo con mayor facilidad y no estar tan apretado a final del mes con las finanzas". "Ok, y ¿para qué quieres poder pagar el arriendo y no estar apretado a fin de mes?". "Para sentirme más tranquilo y no sentir miedo de si podré pagarlo o no": ¡BINGO! Le hemos dado al clavo; la palabra clave acá es SENTIR. Ahora, piensa cualquier cosa que desees, o que hayas deseado manifestar antes en tu vida. ¿Para qué lo quieres? Para SENTIRTE de una u otra manera, ¿verdad?

Quieres dinero para sentir libertad y tranquilidad, quieres una pareja para sentirte amado, acompañado y apoyado, quieres el trabajo de tus sueños para experimentar un sentido de propósito y servicio. Todo, absolutamente todo lo que quieres, lo quieres para tener un estado emocional específico, para sentirte mejor. Fíjate en esto: no es la manifestación física lo que deseas, sino la emoción que eso te produciría.

El engaño en el que hemos vivido los seres humanos consiste en que creemos que debemos esperar a que la manifestación física suceda para sentirnos como lo deseamos. "Cuando compre mi casa propia, voy a ser feliz"; "Cuando me case, voy a sentirme amado y completo"; "Cuando sea disciplinada, voy a amarme y a confiar en mí"; "Cuando me mude, voy a amar el espacio en el que vivo"; "Cuando consiga el trabajo, voy a celebrar y sentir gratitud", "Cuando él me pida perdón, voy a perdonarlo". Nos quedamos esperando a que algo en el exterior cambie para sentir amor por la vida; nos parece inconcebible amarla así como es, aquí y ahora, como si esta ya no fuera un regalo magnífico.

Cuando estudié la tradición budista, escuché con frecuencia que el deseo es el origen del sufrimiento. En ese momento, también estaba leyendo sobre desarrollo personal, libros como *Piense y hágase rico*, de Napoleon Hill, y *Controle su destino*, de Tony Robbins, en los que se describe la importancia de tener un deseo ardiente que te haga imparable, y comprometerte 200% con tus metas para manifestar tus sueños en la realidad. ¡Esto me confundió mucho! ¿Al fin, qué? ¿Deseo para manifestar, o no deseo para no sufrir? Pero si no manifiesto, también sufro, porque mis expectativas no se cumplen. Así que... ¿estoy condenada al sufrimiento?

La conclusión a la que llegué es que el deseo, en sí mismo, no es el problema. Desear no nos trae sufrimiento en sí: el APEGO que sientes por el resultado de ese deseo es la fuente real del sufrimiento. Si, por ejemplo, estás en la playa y piensas, "hmmm, qué rica sería una piña colada en este momento", ese deseo en sí no se siente mal ni te causa ningún malestar. Por el contrario, imaginarlo, y el solo hecho de pensarlo, se siente como una posibilidad deliciosa. Pero si determinas que tu día en la playa va a ser el peor de tu vida, a menos que tengas una piña colada, es ahí cuando llega el sufrimiento, pues dejas que tu felicidad dependa por completo del hecho de tener esa bebida en las manos.

Ahora, piensa en algo que quieras, que no tengas en este momento: más dinero, una pareja, un estado físico o mental específico, ¡lo que quieras! Puede que pienses que eres infeliz porque no lo tienes, pero no es cierto: eres infeliz porque el pensamiento de no tenerlo todavía te causa sufrimiento. ¿Has estado feliz en algún momento durante el tiempo que no lo has tenido? ¿Cierto que sí? Esto es porque, así no lo tengas, tienes la capacidad de ser feliz. Si no lo tienes, pero sintieras la certeza inquebrantable de que lo vas a tener tarde o temprano, pase lo que pase, ¿te sentirías mal de no tenerlo en este momento? ¡No! ¿Verdad? El hecho de no tenerlo no es lo que te hace sentir mal: es PENSAR en no tenerlo lo que te causa sufrimiento.

Eso quiere decir que los seres humanos tenemos la capacidad de sentir un estado emocional específico, sin importar las circunstancias externas que tengamos frente a nosotros. Como lo dije en el capítulo anterior: somos más energía que materia, y nuestras emociones son energía en movimiento. Si aprendemos a transmutar nuestras emociones, sabremos cómo transformar nuestra energía y, por tanto, la materia.

Como ya te conté, la ley de la repulsión no existe; no puedes repeler o alejar nada de ti. El universo funciona por atracción: a donde va tu enfoque, van tu energía y tu punto de atracción. Si te enfocas en algo, ya sea que lo quieras o no, siempre lo vas a atraer. Pero, entonces, ¿por qué cuando piensas muchísimo en algo que quieres atraer, que deseas mucho, terminas alejándolo? Esto se debe a que la energía del apego hacia el resultado genera resistencia en tu vibración interna, lo que te lleva a alejarlo de tu experiencia. ¿Por qué? Cuando quieres algo y lo deseas con todo tu corazón, piensas en ese algo (o en ese alguien, para ser más sinceros) con deseo: deseas algo que no tienes, porque si lo deseas es porque no lo tienes, ¿cierto? Si ya lo tuvieras, no lo desearías y solo agradecerías por tenerlo, ¿verdad?

¿Es decir que tenemos que practicar la vibración de sentirnos en paz y gratitud con frecuencia así no tengamos lo que deseamos? ¡Qué tarea tan terrible!, pensarán algunos. ¿Sentirme bien sin obtener ningún resultado? ¿Solo porque sí? ¡Qué horror sentirnos bien solo por el simple hecho de estar vivos! Estamos tan acostumbrados a darle todo el poder de nuestro estado emocional a lo que sucede en nuestro exterior que normalizamos sentirnos mal porque siempre estamos insatisfechos con lo que sucede, ya que nunca cumple con nuestras expectativas y apegos.

¿Qué pasaría si practicaras el estado vibracional que deseas obtener ANTES de que tu manifestación suceda en la materia? O sea, Alex, ¿me estás proponiendo que me sienta abundante antes de recibir el dinero? ¡Pero eso es imposible! Si estoy viviendo en esta miseria, ¿cómo podría sentirme abundante? Justo ahí está el truco: el universo no te da lo que quieres, sino lo que eres. Y para poder SER abundancia, tienes que sentirte abundante. Siéntelo primero y obtenlo después. Pero, entonces, ¿cómo puedo sentirme abundante, si vivo en un estado de escasez? ¿Cómo puedo sentirme amado, si estoy solo y nadie me ama? ¿Cómo puedo sentirme bella y hermosa, si mi piel está llena de acné? ¿Qué pasaría si te digo que, si te sientes abundante, te llegarán todos los millones del mundo? ¿Que, si te sientes amado, todos te empezarán a amar?

Estas fueron las preguntas que comencé a hacerme cuando inicié mi camino de despertar, y vamos a ir respondiéndolas juntas a lo largo de este capítulo. Para mi mente, en ese entonces, era imposible pensar en el hecho de sentirme hermosa y segura teniendo la piel como la tenía y estando en ese nivel de inestabilidad emocional. Después, me di cuenta de que tenía acné porque me sentía fea e insegura desde ANTES, y el acné fue solo una manifestación física que comprobaba mi estado emocional interior. ¡No por tener acné me sentía insegura, sino que por ser insegura tenía acné!

Si quieres quedarte solo con una cosa de este libro, que sea esto: tu atención envía la señal de lo que quieres al universo, marcando con claridad la dirección de tu deseo, y tus emociones lo atraen hacia ti. Tus emociones son el imán. Si te sientes bien, atraes situaciones y experiencias de bienestar a tu vida; si te sientes mal, por lo general, atraes experiencias de malestar. Es así de simple. Recuerda que tu punto de atracción es el centro desde el que creas la energía que emanas, y, por lo tanto, la que reflejas en el exterior, y esta se compone de tus creencias (de las que hablamos en el capítulo anterior) + emociones (de las que seguiremos hablando a lo largo de este capítulo) + momentum (cantidad de energía y tiempo invertida en esos pensamientos y emociones; de este hablaremos en el capítulo 7).

Muchas veces me pasó que, al querer atraer algo a mi vida, me quedaba en el tercer paso, "intentando pensar positivo" o "intentando cambiar mi enfoque"; aunque cambiar la forma de pensar es muy útil, porque todos sabemos que nuestros pensamientos afectan cómo nos sentimos, para mí esto fue una trampa, porque me hizo creer que la ley de la atracción es un trabajo 100% mental. Y en realidad no lo es: es más bien un trabajo energético, que incluye todos los aspectos de tu ser, y tus pensamientos son tan solo la primera parte. Este es uno de los patrones que veo con frecuencia en el mundo del desarrollo personal: una gran cantidad de motivación y pensamientos positivos, que te dan un subidón de energía por un ratito, y luego se te pasa. Pero lo lindo del proceso honesto de manifestación es que no puedes fingir ni forzar tus emociones; este es el secreto que no te contaron: puedes quedarte pensando en lo que deseas toda la vida, pero si eso que piensas no impacta en realidad tu estado emocional, nada va a cambiar.

ESCALA EMOCIONAL / ESCALA DE CONSCIENCIA

Si para atraer manifestaciones que nos traigan bienestar debemos convertirnos primero en la vibración interna del bienestar, debemos empezar a practicar una maestría emocional. Esta consiste en aprender a escuchar nuestras emociones de una manera magistral, a utilizarlas a nuestro favor, y comprometernos a practicar el sentir la emoción de lo que SÍ queremos, antes de que suceda en nuestra experiencia. Para llegar a entender cómo efectuar este proceso, me acompañaron dos libros maravillosos: *El poder contra la fuerza*, de David Hawkins, y *Pide y se te dará*, de Jerry y Esther Hicks, en donde se explica la escala de consciencia o escala emocional. Entre las escalas que describe cada autor existen algunas diferencias. La del dr. Hawkins es mucho más científica y se basa en logaritmos y pruebas matemáticas, y la de Hicks parte de principios espirituales, pero la base de ambas es la misma: existe un rango de emociones que experimentan los seres humanos, que van desde las energías más bajas hasta las más elevadas. La escala es muy simple, y no tienes que ser un genio para entenderla:

Esta es mi versión de la escala emocional, que es una mezcla entre la de Hicks y la de Hawkins.

La escala emocional va desde las energías más bajas —que son la vergüenza, el miedo, la inseguridad y la culpa—, pasando por las energías intermedias —como neutralidad, aceptación y disposición—, hasta las energías de alegría, amor y paz, que son las más elevadas. Al igual que los pensamientos, cada una de estas emociones emite una frecuencia vibratoria: entre más rápida la frecuencia, más elevada la emoción.

Las emociones de baja vibración están relacionadas con el instinto de supervivencia, en el que vas a tender a estar en el nivel de consciencia de la víctima. En este estado, es difícil ver con claridad, tienes menos energía y requieres mucha fuerza, lucha y esfuerzo para moverte hacia adelante. Es un estado comprimido y de tensión.

Las emociones de alta vibración están relacionadas con la divinidad y con la Fuente. Cuando te encuentras en estados emocionales de vibración alta, vas a tender a fluir con la corriente de la vida, mantenerte en un estado de poder y aumentar tu magnetismo, teniendo una mayor facilidad para manifestar, atraer a tu vida y sentir un mayor nivel de energía. Es un estado creativo, expansivo y de relajación.

Cada estado emocional representa el estado de consciencia en el que te encuentras en cada instante y la percepción que tienes sobre el mundo. Si estás vibrando en una frecuencia elevada, como amor o paz, tus percepciones del mundo van a venir desde una mirada pacífica. Si emocionalmente te encuentras en la consciencia del miedo, tus percepciones sobre el mundo vendrán desde una mirada de miedo, y los resultados que se manifiesten en tu experiencia serán un reflejo de tu vibración y percepción. Por el principio de resonancia, las emociones de frecuencia elevada van a atraer vibraciones similares. Es decir que, si estás en la frecuencia vibratoria del amor y la confianza, vas a atraer situaciones, personas y circunstancias que estén vibrando en amor y confianza. Y si sientes miedo, vas a atraer personas y circunstancias que vibren en miedo.

Ver la vida de esta manera nos abre la posibilidad de entender, desde una perspectiva energética, la realidad que experimentamos. Has pensado, por ejemplo, ¿cuál es la vibración de nuestros políticos? ¿Cuál es la realidad vibracional del ambiente en el que trabajas? ¿Cuál es la frecuencia de tu hogar, según el estado emocional de las personas que viven ahí?

Te invito a que hagas este ejercicio para identificar las emociones que tienes frente a cada aspecto de tu vida:

¿En cuál rango de emociones sientes que pasas la mayor parte de tu vida?

____

____

____

¿En cuál rango de emociones te encuentras por lo general en tu trabajo?

____

____

____

¿En cuál rango de emociones te encuentras por lo general en tu familia?

____

____

____

¿En cuál rango de emociones te encuentras por lo general en relación con tu pareja (actual o del pasado)?

____

____

____

¿En cuál rango de emociones te encuentras por lo general con respecto al dinero?

____

____

____

¿Se asemejan estas emociones a las experiencias que vives en la actualidad en tu vida? **Ejemplo: En el trabajo vivo siempre en miedo y frustración, y atraigo solo experiencias que perpetúan mi estado.**

Sí_______ No_______

¿En cuál rango de emociones te gustaría permanecer la mayor parte del tiempo?

____

____

____

Rango de emociones que elijo sentir sobre mí mismo/a:

____

____

____

Rango de emociones que elijo sentir en las relaciones de pareja:

____

____

____

Rango de emociones que elijo sentir sobre mi familia:

____

____

____

Rango de emociones que elijo sentir sobre mis amigos:

____

____

____

Rango de emociones que elijo sentir sobre el dinero:

____

____

____

Rango de emociones que elijo sentir sobre el trabajo:

____

____

____

Rango de emociones que elijo sentir sobre mi espiritualidad:

____

____

____

Cualquier otra área que consideres importante:

____

____

____

TU BRÚJULA INTERIOR

Cuando entendí la importancia que las emociones tienen en el proceso de manifestación, entré en un estado de máxima FRUSTRACIÓN. Imagínate; si yo había vivido con ansiedad por tantos años, en un estado emocional por el piso, llena de miedo y tensión en mi cuerpo, ¿cómo crees que me sentía cuando leía por todas partes "atraes según como te sientes", "tus emociones son lo más importante para manifestar"? ¡Por supuesto que me sentía muy mal y sin esperanza! Ahí fue cuando dije: MIERDA, voy a atraer una vida horrible, con situaciones terroríficas, porque vivo en un estado vibracional de miedo. Y entre más intentaba "sentirme bien", peor me sentía; entre más intentaba "elevar mi vibración", más bajo vibraba.

Lo que comenzó a suceder es que, cuando estaba experimentando emociones como vergüenza, miedo o frustración, trataba de sentirme de la manera opuesta de inmediato. Quería escapar de esas emociones porque se sienten mal y, por lo tanto, las había catalogado como "malas" —estaba acostumbrada a clasificar las emociones como "buenas" o "malas", "aceptables" o "inaceptables"—. En ese momento también pensaba cosas como "si tienes rabia, ni se te ocurra comunicarla en voz alta (sobre todo si eres mujer)"; "Si quieres llorar, ni se te ocurra hacerlo en frente de otros (sobre todo si eres hombre)". Pero lo lindo de la escala emocional es entender que, como seres humanos, no tenemos la habilidad de saltar de la ira a la paz en un solo impulso, sino que podemos ir avanzando en la escala, sintiendo alivio de manera progresiva.

Por ejemplo, cuando estaba pasando por mis ataques de ansiedad, el hábito que tenía desarrollado era que, cada vez que me sentía mal, me enojaba conmigo, me culpaba, me ignoraba, me juzgaba diciendo que no debería sentirme así, me victimizaba diciendo que fueron Juanito o Pepita los responsables de mis emociones. Intentaba controlar o evadir cómo me sentía para mejorar mi estado, sin darme cuenta de que darme palo en realidad no me ayudaba a transmutar mi emoción; por el contrario, solo perpetuaba mi estado.

Ahora bien, lo que más adelante comprendí fue que la idea no es sentirnos culpables si nos estamos sintiendo mal, ni forzarnos con frecuencia a sentirnos bien, por miedo a atraer manifestaciones negativas a nuestra experiencia. Eso solo genera un mayor nivel de malestar interior. De un tiempo para acá, he empezado a verlo de una manera más útil: mis emociones son mi BRÚJULA INTERIOR, que me guían para saber si me estoy alineando con la energía de lo que quiero o no, con mi visión, con lo que es importante para mí, con lo que me trae bienestar y con lo que me funciona. Me ayudan a darme cuenta de si estoy vibrando según la energía del amor que soy, y si no lo estoy haciendo, me ayudan a realinear mi dirección.

Mis emociones también me ayudan a hacerme consciente de dónde estoy enfocando mi atención: si me estoy sintiendo mal, es porque estoy pensando algo que está alejado del amor. Si me estoy sintiendo bien, estoy viendo las cosas desde una perspectiva que me acerca a mi yo auténtico. Tus emociones y sentimientos no están ni bien ni mal, no son correctos o incorrectos, aceptables o inaceptables: son tu brújula interior, que te muestra tu conexión o desconexión con el amor.

Tus emociones negativas son un agente para el cambio; son ese elemento que te llama la atención y te dice, "hay algo que no te está funcionando", "hay algo que estás haciendo que no está alineado con tu mayor bienestar", "puedes amarte mejor en esta situación", "te estás enfocando en una conversación que no te funciona". El dolor emocional es como el dolor físico: nos da la señal de que hay algo que estamos haciendo en contra de nosotros mismos y debemos escucharlo. Imagina, por ejemplo, que estuvieras cortando una papa y, en un punto, empezaras a sentir un gran dolor en el dedo. Lo que sucede ahí es que tu cuerpo te está dando la señal de que te estás cortando el dedo y debes parar de hacerlo de inmediato, ¿verdad? Si tuvieras anestesia en la mano mientras cortas la papa, y sin darte cuenta te cortas los dedos, podrías hacerte una gran cantidad de daño irreversible; el dolor es tu señal de que puedes cuidarte mejor. La rabia, por ejemplo, es una emoción fantástica porque nos muestra que estamos permitiendo algo en nuestra vida que no nos hace bien: una relación, un tipo de comunicación, una situación, una perspectiva limitada. El verdadero peligro de la rabia no es la emoción en sí, sino el hecho de no escuchar el mensaje que te está dando: pon un límite, comunica con claridad y firmeza lo que toleras o no, sal de esa situación ahora mismo.

Imagina que eres el piloto del avión de tu vida, tu GPS son tus emociones y tu destino final es el amor. Puedes saber si estás yendo en la dirección del amor si te estás sintiendo bien. Si de repente te estás metiendo en una nube negra y tormentosa de pensamientos nublados, o de una situación que no te conviene, tus emociones te lo van a hacer saber muy pronto. Tu estado emocional está directamente conectado con la torre de control, es decir, con la Fuente. Cuando te sientes mal, sabes que te estás desconectando y alejando de tu verdadero destino. La Fuente te ama tanto que, cuando estás desconectado de ella, te lo va a hacer saber a través de tus emociones, y vas a sentir que estar desconectado del amor duele, física y emocionalmente.

Tu brújula interior, o tu GPS interior, te está guiando todo el tiempo para que sepas hacia dónde ir. Nunca te deja solo y se siente como ese *gut feeling*, o sentimiento que viene de tus entrañas, que te dice que por ahí no es. Muchos lo han llamado también intuición, de la que hablaremos en profundidad en el próximo capítulo.

Para escuchar con claridad la guía de tu GPS debes hacerte consciente de si sientes RELAJACIÓN o TENSIÓN en tu cuerpo, apertura o contracción en tu corazón. Es simple, pero no siempre es fácil de reconocer, porque, por lo general, estamos acostumbrados a sentir tensión como parte de nuestro día a día. Pensamos que si estamos estresados somos más productivos y eficaces en nuestro trabajo, o incluso hemos llegado a confundir el estrés con amor: si me estreso por ti, entonces te amo mucho y eres importante para mí. Estar relajados es un estado excepcional y un lujo que solo nos permitimos cuando nos vamos de vacaciones o nos damos un masaje, pero en general no es el lugar común en el que la mayoría de la humanidad vive. Sin embargo, si estás leyendo este libro, es porque eso está a punto de cambiar para ti.

¿Qué haces, por lo general, cuando el GPS de tu auto te muestra que estás yendo en la dirección incorrecta de tu destino? ¿Te pones a llorar mientras sigues manejando en esa dirección? ¿Te estresas y te frustras, juzgando al GPS por hacerte saber que estás dirigiéndote hacia otro lado? No, ¿verdad? Simplemente te rediriges hacia donde SÍ quieres ir.

¿CÓMO ELEVAR MI ESTADO EMOCIONAL?

Puede que te estés preguntando, "Alex, ¿cómo logro una maestría emocional si a veces siento que mis emociones me controlan, en vez de yo controlarlas a ellas?".

Acá viene la parte interesante. Aprendí que, para crear de manera deliberada tu realidad, tienes que aprender a hacerte responsable TODO el tiempo de tu estado emocional. Es decir, el paradigma general es: algo me pasa y yo reacciono a eso con una emoción automática. Ejemplo: Mi jefe me habla mal y yo me estreso automáticamente. En este modelo de relación con la vida, eres una víctima de todo lo que te sucede. El nuevo paradigma que te propongo es: yo estoy a cargo de mis emociones, sin importar lo que pase. El apego que generamos hacia las personas, cosas y situaciones es siempre emocional. "Estoy esperando a que esta situación suceda para poder sentirme así", "Estoy esperando a que esta persona se comporte de otra manera para dejar de sentirme asá"... Pero tus emociones son tuyas, y las experimentas dentro de ti: nada externo es responsable de lo que sientes en tu interior.

La maestría emocional sucede cuando soy capaz de ir más allá de la incomodidad, el miedo, la rabia o la angustia que me generan mis circunstancias externas y logro encarar cada situación con poder y grandeza, entendiendo que NO SON las situaciones las que me hacen sentir como me siento, sino que es mi falta de elección y creación deliberada lo que genera mis estados emocionales inestables y de baja vibración.

Cuando estaba en Estados Unidos, pasando por mi despertar espiritual, entendí algo muy importante. ¿Quién estaba creando la ansiedad? YO. ¿Quién estaba creando la inseguridad? YO. ¿Quién estaba creando la rabia? YO. ¿Quién estaba creando mi acné? YO. ¡Fui yo quien decidí darles un mayor poder a mis circunstancias que a mi bienestar emocional! Yo decidí apegarme a mis emociones negativas como mi "estado natural", porque era lo que siempre había practicado. Pero en ese momento aprendí que, si yo creé ese malestar, podría crear también algo beneficioso para mi experiencia. Entendí que, para sentirme bien, tengo que estar dispuesta a DEJAR ir el hábito adictivo de sentirme mal. Y por eso te quiero compartir el paso a paso que he venido refinando con los años, que me ha enseñado a elevar mi vibración y mi estado emocional. Este proceso te va a ser muy útil si estás en las vibraciones bajas de la escala emocional:

Paso a paso para elevar tu vibración y tu estado emocional

1. Es importante que, cuando te encuentres en un estado emocional de baja vibración, primero te hagas consciente de tus emociones. Piensa, ¿cómo me estoy sintiendo? Y OJO: tus sentimientos son diferentes a tus pensamientos. Es decir, la respuesta a ¿cómo me siento? puede ser algo como "triste, frustrado, ansioso, impotente", pero no "siento que mi jefe fue injusto conmigo porque yo

hice las cosas bien": eso es un pensamiento, no un sentimiento. Y aunque suene innecesaria la aclaración, te sorprenderías de la cantidad de veces que mis clientes no pueden diferenciar entre un pensamiento y un sentimiento. Algo que me ayuda a reconocer cómo me siento en realidad es poner las manos en el corazón y preguntarme en voz alta, "¿Cómo te sientes?". Deja que la respuesta "te llegue".

2. Permítete sentir lo que sea que estás sintiendo. No trates de reprimirlo o evitarlo. Sin juzgarlo, permíteles a tus emociones estar ahí, una vez las reconozcas.

3. Pregúntate, ¿qué estoy haciendo/no haciendo/pensando que me está haciendo sentir mal? Recuerda que eres tú el creador de tus propias emociones, y eres tú quien tiene el poder de elegir qué quieres crear para tu vida. Si te estás sintiendo mal es porque estás haciendo algo que te produce ese malestar. Recuerda que tus emociones son tu GPS o tu brújula, y siempre traen consigo un mensaje. ¿Cuál es el mensaje de tus emociones? Por ejemplo: si me estoy sintiendo con miedo por empezar un nuevo proyecto laboral y me estoy sintiendo ansiosa, ¿qué estoy haciendo/no haciendo/pensando que me está haciendo sentir mal? Tal vez la respuesta podría ser algo como "Estoy pensando que no me va a salir bien, que nunca he intentado algo tan grande, que tal vez otras personas lo hagan mejor que yo. No estoy siguiendo los pasos que sé que debo seguir para emprender este

proyecto. Estoy preguntándole a todo el mundo su opinión, en vez de seguir lo que mi corazón desea". Pero estos pensamientos, acciones y "no acciones" generan un estado emocional de miedo y ansiedad.

4. Nota cómo te usan esas emociones para mantenerte limitado y lejos de la grandeza que viniste a experimentar en esta vida. Hay una parte de tu mente que cree que al sentir emociones de baja vibración te está manteniendo a salvo; por eso es importante mostrarle evidencia a tu mente consciente de cómo esas emociones NO te sirven y te limitan. En el ejemplo del miedo a iniciar un proyecto laboral, podría verse algo así: el miedo me limita, previniendo que salga de mi zona de confort y manteniéndome estancado en la misma situación de no tomar riesgos; sentirme ansioso me previene de brillar ilimitadamente y ser tan exitoso como sé que puedo ser.

5. Pregúntate, ¿qué necesito? Esta pregunta va mucho más allá de lo que quiero, y es una conexión directa con mi yo auténtico, que está alineado con mi grandeza. Cuando te preguntas qué necesitas, vas a conectar con la verdad sobre lo que, en realidad, desde el corazón, deseas crear en tu experiencia. En el mismo ejemplo del proyecto laboral, podría verse así: necesito arriesgarme a crecer, dejarme brillar sin límites, confiar en que todo va a salir bien porque tengo un objetivo claro, lanzarme a hacerlo con la determinación

de volverme amigo de los riesgos. Esta pregunta va a dirigirte hacia una acción amorosa —aunque rigurosa en muchos casos— hacia ti mismo.

6. Una vez obtengas la respuesta de cuál es la acción más amorosa que puedes hacer por ti en este momento, es CRUCIAL que la lleves a cabo lo más pronto posible. Si la postergas, lo más probable es que vuelvas a tus mismos patrones de baja vibración, porque es lo que más has practicado en tu vida, y tu mente siempre va a buscar lo que ya conoce. En el capítulo 7 te daré más claridad sobre la importancia de la acción inspirada.

Aquí tengo que hacerte una advertencia: elegir sentirte bien en una situación en la que normalmente eliges sentirte mal se va a sentir MUY incómodo, porque no es lo que sueles hacer; darles a las circunstancias externas el poder de manejar tus emociones es mucho más fácil que hacerte cargo de ellas. Sin embargo, si aprendes esta habilidad, te prometo que la realidad que experimentas va a dar un giro de ciento ochenta grados.

También es muy importante que seas paciente contigo, porque lo más probable es que, cuando estés en medio de una emoción fuerte, te dejes llevar por ella y te olvides de todo lo que estás leyendo acá; por eso es clave que uses este libro como tu guía, que lo releas una y otra vez, y sobre todo, que practiques lo que hay en él.

¿CUÁL ES TU CASA EMOCIONAL?

Hay emociones negativas que hacen parte de tu sombra, que tiendes a repetir una y otra vez en tu día a día; a estas emociones les llamaremos tu CASA EMOCIONAL. Las casas emocionales, por lo general, se forman en la infancia, o en eventos muy dolorosos de la vida, en los que repetiste por un periodo prolongado una emoción, y te provocaron la sensación subconsciente de familiaridad. Por esto te hacen sentir cómodo, y de una u otra manera "a salvo", pues son un estado conocido.

Tu casa emocional es muy adictiva, y cada persona tiene una diferente. Para las personas que tienen episodios depresivos, su casa emocional son la tristeza, la apatía y la desesperanza. Para las personas con episodios de ira, su casa emocional son la rabia, el resentimiento y la venganza.

Una de las emociones que más me acompañó a lo largo de mi vida fue el miedo. El miedo es la base de la ansiedad con la que viví por tantos años, que me hacía vivir en un estado constante de nerviosismo e inseguridad. Por un tiempo, incluso empecé a creer que dominaría mi vida para siempre. El miedo se convirtió en mi casa emocional, y aunque hiciera de todo para librarme de él, sin él me sentía vacía, como si mi existencia fuera a desaparecer, porque era demasiado familiar para mí. Además, cuando tienes ansiedad, tu cuerpo produce una adicción bioquímica al cortisol, ya que, cuando sufres de ansiedad recurrente, con frecuencia estás liberando cortisol y adrenalina en tu torrente sanguíneo. Al final, cuando estos componentes desaparecen, tu cuerpo empieza a necesitarlos. Te encuentras mejor cuando estás estresado porque es a lo que tu cuerpo se ha acostumbrado y, de alguna manera, se siente "a salvo". Es un pensamiento aterrador, pero realista. Entonces, no solo tenía una adicción emocional, sino una adicción bioquímica a las hormonas que producen el miedo, hasta que un día llegué a la conclusión de que NO SOY MI MIEDO. Que el miedo (o cualquier emoción que hayas elegido como tu casa emocional) es solo una emoción que puedo sentir y dejar pasar —porque las emociones SIEMPRE pasan—.

Espacio de consciencia

¿Cuál sientes que es tu casa emocional? **Ejemplo: ansiedad, miedo y preocupación.**

____

____

____

¿En qué momentos aparece normalmente? **Ejemplo: Cuando voy a hablar en público, cuando debo tener una interacción con alguien que no conozco, cuando me equivoco en algo.**

____

____

____

VISUALIZACIÓN: USA TUS EMOCIONES PARA MANIFESTAR

Lo que estoy a punto de compartirte es uno de los "secretos" mejor guardados sobre la ley de la atracción. Esta técnica la he usado en mi vida, y cada vez que la aplico a consciencia, funciona como si fuera magia. Además, he tenido la fortuna de ver a varios amigos que viven una realidad muy diferente a la de los demás —sanadores, multimillonarios o personas muy exitosas— utilizarla una y otra vez como parte de su rutina diaria, que obtienen resultados excepcionales. A mí me gusta llamarle el *hábito multimillonario*, porque es lo que me llevó a tener resultados que siempre creí que eran imposibles, y me permitió vivir una vida multimillonaria, no solo en términos de dinero, sino en cada aspecto en mi vida.

El hábito del que te estoy hablando es la VISUALIZACIÓN. Y estoy segura de que, si estás leyendo este libro, lo más probable es que hayas escuchado hablar de ella muchas veces, pero ¿qué tanto la aplicas en tu día a día? ¿Sabes usarla correctamente? Vamos a descubrirlo.

En mi proceso aprendí que, para manifestar con la ley de la atracción, es CRUCIAL que practiques crear en tu interior emociones que NO sientes de forma natural, que no vienen en tu piloto automático, sino que decides experimentar de manera consciente. La mayoría de las personas no viven en un estado de completa libertad financiera, por ejemplo, porque no creen que sea posible para ellas, porque nunca lo vieron en su familia o en su entorno, así que no se pueden visualizar ni se pueden sentir libres en este sentido. Lo que espero que vayas entendiendo hasta ahora es que, para manifestar con la ley de la atracción, debes salirte de la creencia "yo repito todo lo que viví o vi en mi infancia", "yo soy víctima de mi cultura o mis circunstancias", y la empieces a remplazar por "YO SOY CREADOR", "yo creo futuros imposibles", "toda mi realidad comienza en mi interior", "si lo creo, lo creo".

Es así de simple: si lo puedes visualizar en tu mente y sentir en tu cuerpo, lo puedes crear en tu realidad. Lo más importante de la visualización es LA EMOCIÓN que experimentas. La intención de este hábito es permitirte acceder a la emoción que sentirías si ya hubieses manifestado lo que deseas, y que lo hagas tan vívido que tu cuerpo y tu mente no puedan diferenciar si es solo imaginación o algo que estás viviendo en realidad. Déjame decirte que todos y cada uno de nosotros ya hemos visualizado, ¡porque todos hemos sido niños! Los niños son los mejores en creer que lo imposible es posible. Cuando un niño está jugando a que va dentro del carrito de juguete en una carrera, ¡está visualizando! Y así es como se manifiestan carros reales siendo adultos.

Hagamos un ejercicio sencillo y muy conocido para entender el poder de la visualización. Toma en tu mano derecha un limón cortado por la mitad (imaginariamente); siente su peso en tus dedos, mira su color, su textura, su dureza, sus detalles; apriétalo para que deje salir un poco de su aroma y acércalo a tu nariz; huélelo, permítete experimentar su acidez y jugosidad con tu olfato. Ahora, llévatelo a la boca y prueba este jugoso y delicioso limón, saboréalo y deja que sus jugos llenen toda tu boca, tu lengua, tu garganta. ¿Puedes notar cómo tus glándulas salivares empiezan a activarse? ¡Incluso sin tener un limón real en frente! No es necesario que estés viviendo la experiencia en la realidad para que tu cuerpo crea que la está experimentando en el momento presente.

Déjame guiarte en el paso a paso para visualizar correctamente:

1. FIJA TU ATENCIÓN: Lo primero que vas a hacer es elegir el deseo por visualizar. Te recomiendo que, para empezar, lo hagas con algo sencillo, que se sienta fácil para ti, y cuando ya lo hayas practicado un par de veces, lo hagas con deseos más elaborados. Si quieres, elige una de las metas que definiste en el capítulo anterior y ten claridad en lo que deseas crear.
2. RELÁJATE: No puedes visualizar desde el esfuerzo y la dificultad. Este proceso es mucho más eficiente si estás en un estado neutral o ligeramente elevado de la escala emocional; la idea es que lo hagas de una manera clara, pero relajada. Debe sentirse fácil, feliz, divertido y fluido para que funcione. Ponte en un lugar cómodo, donde no te vayan a interrumpir; cierra los ojos y haz unas respiraciones relajantes.

   Uno de los errores más comunes que veo en las personas de mi comunidad es que, cuando intentan visualizar, llegan a hacerlo como si fuera una tarea del colegio, algo difícil que no quieren hacer, o se aturden con preguntas como ¿será que lo estoy haciendo bien? Cuando controlas y te preocupas, no puedes relajarte, y la única forma para que esto funcione es que lo disfrutes.

3. FORMA UNA IDEA O UNA IMAGEN CLARA: Ahora viene la parte divertida. Vas a crear en tu cabeza una imagen de lo que deseas, como si estuviera pasando en este momento o como si ya hubiera sucedido, casi como si fuera un recuerdo. Involucra tus sentidos. Según lo que deseas, ¿qué ves? ¿Qué escuchas? ¿Qué hueles? ¿Saboreas algo? ¿Cómo se siente tu cuerpo? ¿Cómo te ves a ti mismo? Date el permiso de sumergirte en la experiencia por completo. Debo aclararte algo: no siempre vas a ver una imagen clara de lo que deseas; muchas veces solo vas a oler algo particular, o a escuchar un ambiente, o a sentir sensaciones específicas. Algunas personas son más auditivas; otras, más kinestésicas (sensoriales), pero mientras uses tu imaginación, no hay problema. Cuando yo escuchaba la palabra *visualización* creía que tenía que "ver" en mi mente todo lo que deseaba, y luego entendí que no se trata de ver cada detalle de lo que quieres, sino de sentirlo. Así que no te preocupes si no puedes "ver una imagen" específica.
4. PERMÍTETE EXPANDIR TUS EMOCIONES: Una vez empieces a usar tu imaginación para visualizar lo que deseas como si estuviera sucediendo, o como si ya hubiera sucedido, permítete sentirte consumido por las emociones de alegría, gratitud, felicidad, júbilo, gozo y pasión de haber vivido lo que tanto habías querido. Permítete recibirlo sin límites, ¡ábrete al sentimiento!

5. ENFÓCATE EN LO QUE DESEAS DE UNA MANERA POSITIVA: Si en algún punto de tu visualización llegan la duda, el miedo o la inseguridad, los pensamientos de "no sé si esto sea posible para mí", recuerda que eres tú quien está creando esa duda, así que puedes elegir creer y crear lo que quieras. No te resistas a las dudas o emociones negativas, déjalas pasar. Tampoco intentes cambiarlas, solo vuelve a enfocarte en lo que sí deseas.
6. PRACTÍCALO CONSTANTEMENTE: Una vez puedas sentirlo, es crucial que practiques a diario la visualización de lo que quieres manifestar. Puedes ponerte un horario específico, como: siempre que me despierte o mientras me estoy bañando, o puedes hacerlo de manera intuitiva, cada vez que durante el día pienses en lo que deseas. Te recomiendo la primera opción; en mi experiencia, ha sido la más eficiente.

Acá te dejo mi video de YouTube en donde te explico paso a paso cómo visualizar para que te sea más fácil empezar a usar este método:

Tips para facilitar la visualización

El propósito principal de la visualización es generar la EMOCIÓN de lo que deseas, como si lo estuvieras viviendo en este instante. Y tú tienes la habilidad de generar esa emoción adentro de ti, sin necesidad de ver, tocar, sentir ni oler la manifestación en la realidad.

Y si te preguntas, "Alex, ¿cómo podemos generar esa emoción con más facilidad, sin tener la manifestación física?", aquí te van algunos tips:

1. Tal vez ya tienes elementos en tu vida actual que te hagan sentir de la forma que quieres y puedes sentir GRATITUD al respecto. Por ejemplo, es probable que en este instante tengas dos dólares en tu cuenta o en tu bolsillo, y si no sientes gratitud por esos dos dólares, si no sabes manejar, invertir, agradecer por esos dos dólares, ¿qué te hace pensar que te van a llegar mil dólares desde esa energía? ¡Enfócate en lo que ya tienes o en lo que ya has sentido, a través de la gratitud!

2. Si no hay nada en tu vida en el presente que te permita sentir las emociones que deseas, seguro tienes recuerdos de algo que te haya hecho sentir así en el pasado. Por ejemplo, si lo que quieres manifestar es un trabajo por la sensación de propósito y orgullo hacia ti mismo, pero en el momento no hay nada, nadita, que te haga sentir así hacia ti, seguro viviste algo en algún momento de tu vida que te permitió sentirte con propósito y orgullo hacia ti mismo. ENFÓCATE EN TUS TRIUNFOS. Algo que hago antes de salir a un escenario en mis conferencias es, imaginariamente, tomar todos mis triunfos de la mano, recordar todas las veces que he salido a hablar en frente de miles de personas y lo he hecho con éxito.

3. Si ninguna de las dos opciones anteriores aplica para ti, tal vez tienes una imagen mental o sensorial de cómo se sentiría hipotéticamente lo que deseas. Es decir: puedes usar tu imaginación y visualización para crear ese estado, a través de experiencias que otras personas hayan vivido en la historia o las que hayan experimentado personas que admiras. No lo tienes que haber vivido tú para poder visualizarlo.

La clave de toda manifestación es unirte al ESTADO INTERIOR, porque reconoces que YA LO TIENES ADENTRO, y es acá cuando tu vida se vuelve increíblemente mágica. Para este punto, ya sabes la importancia de poner toda tu atención en lo que deseas crear para tu experiencia humana, y has aprendido a crear las emociones de tus resultados antes de que sucedan en tu realidad. Ahora, te pregunto: ¿por qué estás leyendo este libro? ¿Por qué es importante para ti manifestar tus sueños en la realidad? En el siguiente capítulo vamos a ver una de las mayores razones por las que la mayoría de las personas todavía no puede manifestar: no tienen un por qué claro, o no saben cómo encontrarlo.

Compromiso conmigo

Desde hoy,
entiendo que soy responsable de todas
y cada una de mi emociones.

Y porque me amo y entiendo mi poder creador,
me hago cargo de mi estado emocional
en cada instante.

Me comprometo a cuidarme de manera
excepcional, en cada momento que sienta
emociones de baja vibración,
sin juzgarme ni reprimir lo que siento.

Me entrego en compromiso a escuchar el mensaje
que traen mis emociones, y a redireccionarme
las veces que sea necesario,
hasta hacer del amor, la paz y la alegría
mi casa emocional recurrente.

Me comprometo a practicar las emociones
de lo que deseo experimentar, antes de que
la manifestación física aparezca en mi vida,
porque entiendo que, si lo puedo visualizar
en mi mente y sentir en mi cuerpo,
lo puedo crear en mi realidad.

PASO 5

INTENCIÓN

¿CUÁL ES TU PORQUÉ?

A ti, como ser humano, te han sido otorgados un gran regalo y una gran responsabilidad: el poder de la intención. La intención de tus acciones y pensamientos es la energía que potencializa tu manifestación. Si tu atención envía la señal al universo de lo que quieres, y tus emociones son el imán que lo atrae a tu vida, tu intención es el potencializador, es el turbo que amplifica e impulsa tu energía. En el ejemplo de los navíos y barcos en el mar, tu atención sería la dirección en la que vas a navegar; tus emociones serían la brújula, que te ayuda a determinar si vas en la dirección correcta, y tus intenciones serían el combustible que mueve el barco. Sin una intención clara, no tienes un motor que te impulse, y en cada pequeña muestra de resistencia que la vida te ponga enfrente, o con cualquier problema o situación inesperada que no salga como tú quieres, te vas a desilusionar y vas a querer tirar la toalla.

Es importante aclarar que existe una gran diferencia entre una intención y un objetivo. Un objetivo es el fin al que se desea llegar o la meta que se pretende lograr. Podría ser, por ejemplo, venderles mi libro a diez mil personas. Los objetivos se basan en los resultados que se quieren lograr en el mundo exterior y tienen un destino final y una fecha de caducidad.

En cambio, una intención es la voluntad que se tiene hacia ese fin, y la voluntad es un estado interior. La intención NO depende de un resultado exterior y no tiene un destino final. Es la motivación que precede a la acción o el pensamiento. Mi intención podría ser escribir mi libro siendo un canal transparente, honesto y auténtico, traduciendo las palabras de mi alma de la manera más clara que pueda.

En el ejemplo del libro, puede que mi objetivo no se cumpla, pero mi intención sí. Porque las intenciones SIEMPRE dependen de ti y no de las variables externas, que son completamente impredecibles. Las intenciones surgen desde una fuerza intrínseca que está conectada con una energía interior y con una manera de SER (amor, dedicación, servicio, etcétera) y no con la materia (dinero, objetos, resultados físicos, entre otros). Tener objetivos es maravilloso, ya que nos ayudan a tener ambición en la vida y a lograr grandes resultados (en el capítulo 7 hablaremos más en profundidad sobre cómo plantearnos objetivos); sin embargo, apegarnos a ellos no es buena idea, ya que causan expectativas que pueden cumplirse, o no, y esto nos puede causar daño. Ya vimos que el apego a los resultados genera la vibración de desilusión y frustración que nos aleja de nuestra manifestación. Por el contrario, apegarte a tus intenciones es una estrategia de manifestación magnífica, porque las intenciones son independientes de las circunstancias externas.

Cuando tus intenciones están conectadas con el miedo, obtienes manifestaciones que refuerzan este estado interior; recuerda que siempre terminas potenciando la energía a la cual estás conectado. La mayoría de las veces en que las intenciones se basan en el miedo, no somos conscientes de ellas, sino que se forman en piloto automático. Por ejemplo, si en este instante quieres una relación de pareja, puede que tu intención inconsciente sea sentirte validado y aprobado por otra persona, porque tienes un miedo profundo a ser desaprobado y no te sientes suficiente. En cambio, cuando tus intenciones están conectadas al amor y a la Fuente, todo se siente fácil; parece como si todo fluyera mágicamente; te sientes inspirado todo el tiempo; te llegan los recursos en el momento correcto. ¿Por qué sucede de esta manera? Porque, como vimos en el capítulo anterior, la vibración del amor tiene una frecuencia más elevada y, por lo tanto, más rápida; eso quiere decir que no requiere tanto tiempo ni espacio para manifestarse en la materia. Una vibración lenta necesita más tiempo, espacio y energía. Es por eso que, casi siempre que actuamos desde la vibración del miedo, se siente como si todo tardara el doble.

Cuando tus intenciones vienen del miedo y la escasez, vas a sentir una gran resistencia y dificultad en el proceso. Pero no estoy diciendo que SOLO si tienes intenciones alineadas a tu corazón vas a poder manifestar, porque tristemente no es así. Hay millones de personas en el mundo que manifiestan grandes cantidades de riqueza económica, con intenciones oscuras y apegadas al miedo. Seguro que si piensas en uno que otro político, verás con claridad la cantidad de dinero y "poder" que se puede manifestar desde el miedo. Sin embargo, una manifestación de dinero y "poder" que nace desde el miedo solo trae frutos de miedo; piensa, por ejemplo, en la cantidad de daño, muerte, discordia y ansiedad que producen el dinero del narcotráfico o la corrupción política: aunque es dinero, su energía no es abundante, sino dolorosa, escasa y, a mi parecer, muy poco deseable. Lo que sí estoy diciendo (porque lo he experimentado así) es que cuando tus intenciones vienen unidas a tu corazón, TODO es doscientas veces más fácil, fluye, y las energías del universo se alinean para ayudarte a que todo se dé rápido y sin esfuerzo.

Una de las grandes preguntas que me hacen mis clientes en mis cursos *online* es, "Alex, ¿puedo cambiar mi apariencia física con la ley de la atracción? ¿Puedo cambiar el color de mis ojos con la ley de la atracción?", y la pregunta que siempre les hago de vuelta es, "¿PARA QUÉ quieres cambiar el color de tus ojos? ¿Para qué quieres que tus piernas sean más largas? ¿Para qué quieres estar más delgada y tener abdominales? ¿Qué representa eso para ti? ¿Cuál es tu intención detrás de lo que quieres?". La mayoría de las veces, la respuesta que obtengo es que quieren cambiar su aspecto físico porque odian como son; no viene desde una intención de amor, compromiso, expansión y evolución. El superpoder de las intenciones son la consciencia y la conexión con el amor.

Tu intención responde a las siguientes preguntas: ¿por qué quieres o haces algo? ¿Por qué es importante o qué representa para ti? ¿Para qué quieres o haces algo? ¿Desde qué energía realizas una acción?

Una de las manifestaciones que quería materializar para el 2022 era ganar mis primeros diez mil dólares al mes. Desde hacía más de un año venía pensando en poder vivir esa realidad, pero no fue hasta que me senté con compromiso y definí mis intenciones de por qué quería esa cantidad de dinero que realmente pude entrar en la vibración para recibirlos. Una parte de mí todavía tenía la idea de que esa cantidad de dinero era demasiado para alguien tan joven como yo, y que, si además vivía en Latinoamérica, sería mucho más difícil. De alguna manera, sentía que no los merecía, y nadie en mi familia o en mi vida había vivido una experiencia financiera de esas cantidades. Pero cuando me comprometí y definí por qué y para qué los quería, y qué representaban para mí, entendí que, entre más dinero tengo, más amor puedo dar, más puedo servir, más trabajo le puedo dar a mi equipo, mejor me voy a sentir en mi estilo de vida, voy a tener más energía para compartirlo con la humanidad, voy a poder ayudar a las personas que lo necesitan y voy a cumplir mi misión en el mundo, porque si algo tengo claro, es que tengo una misión MUY grande, y no me puedo permitir una vida de escasez si quiero ayudar a las personas como lo tengo pensado. Cuando entiendes tu intención detrás de lo que deseas, ¡la mayoría de los bloqueos se disuelven! Y la manifestación se vuelve muchísimo más fácil, pues cada partícula de tu ser se alinea con tus deseos.

LOS 7 NIVELES DEL DESEO

Antes de que entremos a definir las intenciones para tu manifestación, es importante que sepas que no siempre vas a tener claro tu porqué, y quiero decirte que es normal. Pero hay un método fantástico, que llamo "Los 7 niveles del deseo", y consiste en que te preguntes siete veces ¿por qué esto es importante para mí?, hasta llegar a la raíz de tu deseo. Te voy a dar un ejemplo:

META: ir al gimnasio a diario y ser una mujer *fit*.

1. ¿Por qué esto es importante para ti? Porque quiero demostrarme a mí misma que puedo ser disciplinada, así mi entorno no lo sea, y aunque sienta muchas emociones en el proceso, mi compromiso es más fuerte.

2. ¿Por qué esto es importante para ti? Porque eso me haría más fuerte que mis circunstancias.

3. ¿Por qué esto es importante para ti? Porque tengo poder personal y soy imparable.

4. ¿Por qué esto es importante para ti? Significa que lo que hago tiene sentido porque lo aplico.

5. ¿Por qué esto es importante para ti? Si tiene sentido para mí, quiere decir que funciona para otros.

6. ¿Por qué esto es importante para ti? Puedo ser inspiración real para otros y enseñar con el ejemplo.

7. ¿Por qué esto es importante para ti? Puedo cambiar el mundo a través del poder de la influencia.

Espacio de consciencia

Ahora, llegó tu oportunidad para que definas la gasolina que les dará fuerza y vida a tus manifestaciones. Te recomiendo que tomes las creaciones que escribiste en los capítulos anteriores para cada área de tu vida y definas tus intenciones con ellas. Lo más probable es que, al hacerlo, haya algunas que se vuelvan irrelevantes, o que cambies la forma de plantearlas, ¡y eso está completamente ok!

En cada una de las áreas de manifestación puedes preguntarte:

1. ¿Por qué es importante? ¿Qué representan para mí?
2. ¿Para qué lo quiero?
3. ¿Desde dónde lo hago?

Te comparto el ejemplo de lo que hice para manifestar diez mil dólares al mes durante un año:

MANIFESTACIÓN: ganar diez mil dólares al mes

1. **¿Por qué es importante? ¿Qué representan para mí?**

- Que soy una líder excepcional, que he aprendido a tomar completo liderazgo y responsabilidad sobre mi vida, mi tiempo, mi enfoque, mi energía y mis emociones.
- Que vivo bajo completa responsabilidad de mis resultados y he abandonado para siempre la mentalidad de víctima en cada aspecto de mi vida.
- Que soy una gran líder para mi equipo, que cada persona que trabaja conmigo vive en niveles de abundancia y propósito excepcionales, y he aprendido a crear un sistema de trabajo que funciona para todos y nos da libertad.
- Que las personas de mi comunidad han llegado a sentir una transformación tan profunda que han creado lealtad hacia mí y los productos que ofrezco.
- Que mis productos son un reflejo tan limpio y claro de quien soy, y de los valores bajo los que vivo, que generan absoluta confianza a mis clientes y resultados extraordinarios.
- Que soy extremadamente ordenada con mis finanzas.
- Que manejo mi tiempo, y el tiempo no me maneja a mí.

- Que mis niveles de autoconfianza y seguridad en mí son inquebrantables.

2. **¿Para qué lo quiero?**

- Para ofrecer eventos de transformación internacionales a millones de personas.
- Para tener mis propios centros de eventos de transformación.
- Para poder pagarle a mi equipo sueldos y comisiones millonarias y que se sientan en libertad, en el trabajo de sus sueños.
- Para formarme sin parar con los mayores líderes mundiales y, así, poder ser una mejor líder para mi comunidad.
- Para servirles a las mujeres del mundo y llegar a cada esquina con esta información.
- Para llevar a mi mamá y a mi hermana de viaje a todos los lugares que siempre han soñado.
- Para hospedarme en los hoteles y Airbnbs más lujosos y holísticos del mundo, cumpliendo mis sueños.
- Para tener una casa en cada ciudad del mundo que me gusta.

3. **¿Desde dónde lo hago?**

- Desde el servicio, el gozo, la dicha, el propósito hacia la humanidad.
- Desde el poder y el entendimiento de que soy la creadora de mi realidad y tengo la libertad de elegir.

- Desde el deseo profundo de compartir un mensaje de amor con el mundo.
- Desde el rigor y la disciplina de no sucumbir a los placeres a corto plazo y encarnar la energía de la fortaleza.

ENFÓCATE EN EL PORQUÉ Y EL CÓMO LLEGARÁ

¿Te ha pasado que cuando intentas manifestar algo en tu vida te aferras demasiado al "cómo me va a llegar"? Y aunque tener un plan de acción para tus negocios y proyectos es muy importante, en la mayoría de los aspectos de la vida no puedes predecir con gráficas y estadísticas cómo se van a dar las cosas, porque no tienes garantías de nada; por más visualización, atención y planeación que tengas, va a haber momentos en los que las cosas no salen como tú las planeaste (por no decir que en la mayoría de las veces). Por eso es crucial que, si quieres despertar al creador poderoso dentro de ti, mantengas indivisiblemente tu enfoque principal en por qué haces lo que haces y desde dónde lo haces. Muchas veces, al estar tan enfocados en el cómo, nos sesgamos a que las cosas tienen que llegar de una manera específica, tal como la hemos imaginado, sin darnos cuenta de que, de pronto, la Fuente tiene diez mil maneras distintas e inesperadas en las que tu intención se puede manifestar.

Cuando entendí el poder de la intención, comencé a enamorarme del proceso de vivir, porque comprendí que cada detalle de mi existencia puede ser sagrado si yo lo decido; dejé de estar tan enfocada en el resultado y me permití dar lo mejor de mí en cada instante. Y lo que descubrí es que no cambia lo que haces, sino quién eres tú mientras lo haces. Esto no quiere decir que dejé de plantearme metas gigantes que me reten y me motiven, ¡por el contrario! Una vez tengo la meta bien clara, me enfoco en hacer lo que elijo, pero desde una intención firme y un enfoque en el proceso. Uno de los ejemplos que siempre pongo cuando hablo de intenciones, es el del ejercicio físico. Llevo muchos años haciendo ejercicio, pero cuando empecé a ir al gimnasio, lo hacía como una forma de castigarme y de comprobarle al mundo que yo era la chica perfecta que todos esperaban que fuera. No fue hasta que empecé a ver mi cuerpo como mi templo sagrado que pude conectar con el ejercicio como una práctica para cuidarlo, demostrarle que lo amo y que es importante para mí, ya no para "hacerle daño".

Otro ejemplo: puedes cocinar para sanar a alguien o para asesinarlo. La acción es la misma, pero la intención es diferente. Tu intención define la energía de tu manifestación. Cuando tienes un porqué alineado con el amor y con la mejor versión de ti mismo, el cómo llegará con facilidad.

Tu intención va a determinar el nivel de compromiso que tienes hacia un objetivo. Si tienes un porqué poderoso, va a ser muchísimo más fácil para ti actuar en consecuencia con tus intenciones. Piensa en esto: si te digo que debes entrar a un edificio en llamas, subir treinta pisos mientras respiras el humo negro del fuego y probablemente generar quemaduras de tercer grado en tu cuerpo, con la posibilidad de que tal vez mueras, para salvar un cofre con diez millones de dólares, ¿lo harías? La verdad, yo no. Pero si te digo que debes hacer lo mismo para salvar a tu hijo, que se encuentra dentro del edificio, ¿lo harías? Probablemente, sí.

Un porqué poderoso va a determinar qué precios estás dispuesto a pagar para que tu objetivo se cumpla, y qué tanta resiliencia, fe y determinación tendrás en el proceso. Y también va a determinar que no siempre necesitas tener un cómo. En el ejemplo anterior, ¿crees que antes de entrar al edificio sabes con certeza la estrategia que utilizarás para llegar hasta el último piso? Tal vez no, pero como tienes una intención poderosa, el cómo te lo inventas en el proceso. Los cómo llegan cuando estás comprometido.

TU NIVEL DE COMPROMISO

No sé si alguna vez has escuchado la expresión "quemar las naves". Hay varias versiones sobre su origen, y una de ellas dice que cuando los conquistadores que llegaban a nuevas tierras, quemaban las naves en las que habían llegado y se iban a luchar a muerte contra los nativos por la tierra descubierta. Ellos tenían dos opciones, ganar o morir, porque ya no tendrían naves para escapar. ¿Qué te dice esto con respecto al nivel de compromiso de estos hombres? Indiscutible, ¿verdad? Cuando conoces la intención detrás de tu manifestación, es importante que no solo la conozcas, sino que SEAS INTENCIONAL al respecto.

¿Qué significa ser intencional? Es tener un altísimo nivel de compromiso con aquello que vas a manifestar, porque entiendes que tu experiencia responde 100% a quien estás siendo en cada instante de tu vida, y por lo tanto, eres responsable de tu creación.

Es clave que te respondas en cuál nivel de compromiso estás con cada área de tu vida, según los seis niveles del compromiso de John Hanley que aprendí en mi formación como coach de transformación cuántica:

0. A mí no me importa si sucede.
1. Espero que ocurra.
2. Estoy interesado, buena idea.
3. Quiero que suceda.
4. Estoy comprometido, a menos que...
5. Hago lo que sea necesario, no importa que...

¿En qué nivel de compromiso te encuentras con cada área de tu vida? Para que las cosas sucedan, debes estar en el nivel 5, porque si no, siempre te vas a quedar esperando "al momento perfecto", a que "el cómo aparezca", en vez de quemar las naves y hacer lo que sea necesario para crear lo que elijas crear.

No sé si lo notas, pero yo he visto que, sobre todo en mi generación, estamos acostumbrados a vivir una vida de preferencias, en vez de compromisos. "A mí me gustaría llevar un estilo de vida más saludable", "yo preferiría tener más dinero", "me gustaría amarme más"... ¿Qué pasaría si empezáramos a vivir una vida intencional? Desde el YO DECIDO, ESTOY COMPROMETIDO Y HAGO LO QUE SEA NECESARIO. La mayoría de las personas que son excelentes manifestadoras tienen una característica en común: son decisivas. Han desarrollado la habilidad de decidir y comprometerse con sus objetivos, y trabajan desde sus intenciones.

Si todos sabemos que la fórmula para tener un cuerpo saludable es comer alimentos no procesados, tomar agua, hacer ejercicio y dormir bien, ¿por qué tan pocas personas lo logran? ¿Por qué tantas personas sufren de mala salud, si los pasos son tan sencillos? Porque se requiere compromiso e intencionalidad. Si ya tienes un enfoque y una atención clara a lo que deseas, si ya has asociado una frecuencia vibratoria elevada, ahora, lo que sigue, es ser intencional con tus creaciones.

Una frase que creé y me encanta es "Dios no puede hacer por ti nada que no pueda hacer a través de ti". Si estás en la guerra y hay un soldado que decide no luchar, tienes varias opciones: motivarlo e inspirarlo para que venga a la batalla; culparlo, avergonzarlo, o incluso torturarlo, para que pelee, o meterlo a la cárcel. Pero, sea lo que sea, no puedes hacer nada por nadie, ni puedes hacer que alguien haga algo que no quiere y no elige. Repite conmigo: "Dios no puede hacer por mí nada que no pueda hacer a través de mí".

En el capítulo 7 hablaremos un poco más sobre la acción y las decisiones.

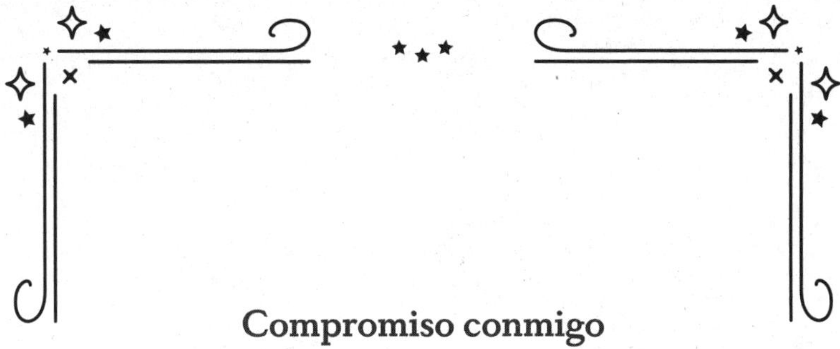

Compromiso conmigo

Desde hoy entiendo que no se trata
de lo que hago, sino desde la energía
con la que realizo la acción.

Del porqué detrás de mis acciones y deseos,
y entiendo que, al tener un porqué conectado
al amor, mis manifestaciones se materializan
con muchísima velocidad y facilidad.

Desde hoy me comprometo a actuar
y elegir desde mi corazón,
y una vez tenga claro mi porqué,
sigo mi compromiso nivel 5 ante todo aquello que
es importante para mí; me lanzo al compromiso
sin saber cómo, sin saber la manera correcta,
ni el camino perfecto, pero con un compromiso
inquebrantable hacia crear una experiencia
extraordinaria para mi vida.

PASO 6

AUTOIMAGEN E IDENTIDAD

DECIDE QUIÉN QUIERES SER

Tienes que esperar cosas de ti mismo,
antes de poder hacerlas.
Michael Jordan

No atraes lo que quieres;
atraes lo que crees que mereces.

¿Cómo te ves a ti mismo? ¿Quién crees que eres? ¿Cómo te describirías? ¿Qué crees que eres capaz de crear? ¿Cómo crees que mereces ser tratado? ¿Cuánta abundancia crees que te mereces? ¿Cuál es la conversación que tienes acerca de ti? Estas preguntas parecen sencillas, pero son clave a la hora de manifestar. Si algo aprendí de tener acné severo por doce años, es que la forma en que te ves a ti mismo realmente influencia tu realidad, porque la única persona que define quién eres o qué puedes llegar a ser eres tú.

En mi camino hacia convertirme en la manifestadora asombrosa que soy, descubrí que los pensamientos, las emociones y acciones que tengo en mi día a día están relacionados con la forma en que me veo a mí misma, es decir: que mi habilidad para manifestar es directamente proporcional a mi autoimagen.

Nadie puede criticarte si tú no te criticas, nadie puede juzgarte si tú no crees los juicios que hacen sobre ti, y nadie más puede decirte quién eres, a menos que decidas creerle. Pero, al fin y al cabo, eres tú quien toma la decisión de cómo te quieres definir.

Supongamos que estás intentando manifestar una cantidad específica de dinero al mes, una ganancia mensual de diez mil dólares, por ejemplo, y estás siguiendo todos los pasos que has aprendido en este libro. Estás enfocando tu atención solo en lo que quieres, con la certeza de que la Fuente también lo quiere para ti; te estás permitiendo sentir abundante y relajado; estás visualizando con constancia, pero hay una pequeña creencia dentro de ti que dice: yo puedo ganar tres mil dólares al mes, pero no diez mil, porque no soy tan inteligente, capaz, disciplinada, etcétera. Soy una persona de tres mil dólares al mes, pero no de diez mil. Si no te ves como una persona de diez mil dólares, ¡no te van a llegar! Así de simple. Lo que atraes en tu experiencia está ligado a tu IDENTIDAD, a tu autoimagen y a lo que crees que mereces. Pero, entonces, ¿quién eres? O mejor, ¿quién quieres creer que eres?

EL VERDADERO SECRETO: EL AMOR PROPIO

No podría haber escrito este libro sin mencionar lo importante y transformador que ha sido el amor propio en mi vida, y la influencia que ha tenido en la realidad que manifiesto. Cuando estás atrayendo lo que crees que mereces y sientes que eres el ser humano más valioso del mundo entero, que te mereces todo el amor, las oportunidades, la abundancia y las bendiciones, ¡eso es lo que vas a atraer!

Decirlo suena lindo y fácil, pero, a la hora de ponerlo en práctica, suele ser un poco más difícil. Por lo menos, así fue para mí, durante veintidós años de mi vida, porque venían, casi en automático, el juzgarme con frecuencia, no sentirme suficiente, dudar de mi poder interior o sentir que no merecía lo que quería. Desde que nací, fui programada para ser "buena y obediente", no para conectar con mi corazón, con lo que se sentía bien y correcto en mi interior, con lo que en realidad me hacía feliz; para ser complaciente con mis padres, en vez de honesta con mi verdad; para hacer "lo que toca" y no a lo que mi alma se siente llamada; para "ser mala" si cometía un error y no emocionarme tanto cuando algo me sale bien, porque "nunca nada es tan bueno para ser verdad".

Todo esto creó una profunda fragmentación entre quien soy en realidad y cómo sentía que debía mostrarme ante el mundo, ya que empecé a crear máscaras útiles para la sociedad y dolorosas para mi conexión conmigo misma. Comencé a creer que soy limitada, que solo debo seguir "el deber ser" y los sueños que mi familia quería para mí, que solo merezco ser tratada como mis padres me trataron, ser amada como ellos supieron amarme, y que el éxito es solo para unos cuantos, pero no para mí. Estas son conversaciones internas, creadas por un ego que pasa de generación en generación. La enfermedad del "no ser suficiente" es más común que el cáncer y el COVID juntos, y es la primera causa de suicidios en el mundo.

Una de las misiones más importantes que tienes al estar leyendo este libro, para ti, para tus generaciones ancestrales y para todas las futuras, es empezar a creerte el cuento de que eres merecedor de todas las bendiciones y abrirte a recibirlas, incluso antes de que lleguen. La única persona que te puede decir si mereces algo o no, eres tú. Opino que esta vida es muy cortita como para cerrarles la puerta en la cara a las bendiciones y a los milagros. ¿Qué tal si nos abrimos a recibir todo, mucho, y lo mejor?

Pensemos en algo: muchas veces creemos que manifestar es "muy difícil" porque las cosas tardan en llegar, pero ¿cuántas veces has rechazado una bendición antes de que llegue a tu vida? ¿Cuántas veces has deseado ayuda y no la has aceptado, porque "te da pena ser una carga"? ¿Cuántas veces le has pedido al cielo una nueva oportunidad, y cuando te llega, la rechazas porque no crees que eres capaz? O el ejemplo más sencillo que les pongo a las mujeres que toman mi curso *online De regreso a ti:* ¿cuántas veces has sentido que estás cansada de tener que cargar con todo el peso sola, y cuando llega el portero de tu edificio a ofrecerte ayuda para cargar las bolsas del mercado, le dices, "no, tranquilo, no se preocupe, yo puedo sola"? ¡Por supuesto que todas podemos solas! Pero esto no significa que queramos hacerlo solas. Tu nivel de merecimiento es proporcional a tu nivel de amor propio y autoestima.

Una de las experiencias que más refleja tu nivel de amor propio, es la pareja que eliges. Las parejas reflejan el amor que crees que mereces. Si has tenido parejas abusadoras, poco comprometidas, que te han abandonado, poco generosas, con las que sientes la necesidad de dar y dar y dar, sin recibir amor recíproco, tal vez en el fondo de ti haya algo que cree que mereces ese tipo de relación, y por eso, la aceptas en tu vida. Solo tus creencias sobre lo que mereces y lo que puedes atraer te obligan a quedarte en una relación dolorosa. Si, por el contrario, has atraído parejas generosas, amorosas y comprometidas, es porque así crees subconscientemente que mereces ser tratado y amado. Tus parejas son un espejo constante del amor que sientes que mereces, porque demuestran lo que toleras o no en tu vida.

El error más grande que cometemos en las relaciones en general, pero sobre todo en las de pareja, es esperar a que alguien nos dé el amor que NO llevamos por dentro, que llene nuestro vacío y nos "haga felices". Pero fíjate que no: las personas te van a entregar SOLO el mismo nivel de amor que llevas dentro, no hacia el otro, sino hacia ti mismo. Y no me refiero a que entonces en las relaciones de pareja todo se trata de ti, de amarte solo a ti y de caer en el discurso egocéntrico y oscurecido de "ámate a ti mismo por encima de todo el mundo y no ames a nadie más, porque no necesitas de nadie". ¡No, para nada! Si algo he aprendido del amor propio es que de verdad te enseña a amar mejor y MUCHO más a los demás.

Las relaciones con los otros no son sino un espejo de la relación que tienes contigo. Si en tus relaciones te sientes juzgado, te estás juzgando; si te mienten y te engañan, tú te mientes y te engañas. Recuerda una relación demasiado dolorosa en tu vida y piensa en qué es lo que esa persona te hizo que más te dolió. Ejemplo: que me abandonó, que me rechazó, que me atacó con sus palabras. Ahora, devuélvete la pregunta: ¿cómo me abandono? ¿Cómo me rechazo? ¿Cómo me ataco con mis palabras? Recuerda: nadie puede hacer contigo nada que tú no hagas en este instante contigo mismo.

Seguro, en este punto te estarás preguntando, "pero, Alex, ¿cómo puedo practicar el amor propio?". El amor propio es el atajo para cualquier manifestación que desees. Así es, ¡este es el verdadero secreto! Si sientes muchísisisimo amor por ti, como si fueras la persona que más amas en el mundo, solo vas a atraer más cosas que representen ese amor que sientes y vas a hacer que cada parte de tu ser sea la encarnación viva del amor. Piensa en esto: si te amas, tienes pensamientos amorosos contigo y no utilizas tu mente para preocuparte ni tirarte para abajo; si te amas, tomas acciones alineadas con ese amor, porque te respetas y quieres lo mejor para ti; si sientes que eres suficiente, no aceptas menos de lo que te mereces; si tu atención está en "yo me amo mucho", tu energía estará siempre alineada con tu mayor bienestar, y si tu energía está en tu mayor bienestar, las manifestaciones en tu realidad también lo estarán.

Pero hay dos cosas importantes que aprendí sobre el amor propio durante mi proceso. La primera, es que no es algo que naturalmente llevas por dentro (o por lo menos así fue para mí), sino que es algo que practicas a diario. Es un hábito que nunca terminas de forjar y construir en tu interior. La segunda, es que el amor propio no es todo rosas y flores, y va mucho más allá de tomar baños de burbujas y ponerte mascarillas. Muchas veces, es el acto más valiente y difícil del mundo. Es ir en contra de todas las voces en tu cabeza que te llevan a autosabotearte, e ignorar todas las voces externas que te alejan de tu verdadera esencia.

Por eso, quiero compartirte algunas de las herramientas que me ayudaron a poner en práctica el amor propio en mi vida diaria, y sé que te facilitarán las cosas a ti también.

VUÉLVETE TU PROPIA MADRE/PADRE

¿Recuerdas cuando te dije que tu creencia de no ser suficiente viene de tu infancia y de las creencias que asumiste como ciertas, según el trato de tus padres? Bueno, pues resulta que ese niño o niña interior solo creció en edad, estatura e intelecto, pero emocionalmente sigue siendo igual. Sigue deseando ser visto, escuchado, apapachado y amado. Lo triste es que la gran mayoría de nuestros niños y niñas interiores van solos por la vida, sin nadie que los ame, porque como nuestros padres no supieron hacerlo por nosotros, los dejamos abandonados y nunca tomamos la responsabilidad de cuidarlos como se merecen.

¿Cómo cambiaría tu vida si te trataras como a un niño al que amas con todo tu corazón? ¿Cómo le hablarías cuando está estresado? ¿Cómo lo cuidarías cuando está enfermo? ¿Qué le dirías cuando está preocupado por el futuro y no sabe qué hacer? ¿Qué le dirías acerca de los sueños que quiere cumplir? ¿Cómo lo guiarías cuando está teniendo una pataleta y no está haciendo lo mejor para su crecimiento? La mayoría de las personas pueden responder a estas preguntas fácil y rápidamente, porque el instinto de cuidado es algo natural, y si no, lo único que se necesita es un poquito de práctica.

Me gusta imaginarme el proceso de maternación/paternación como si yo fuera una MAMÁ OSA. Piensa por un momento cómo es una mamá osa. ¿Cómo cuida y defiende a sus hijos frente a una amenaza? ¿Cómo se preocupa por darles un buen sueño y una buena alimentación? ¿Qué desea para sus hijos? El instinto maternal de una mamá osa tiene siempre, como prioridad, el bienestar de sus oseznos.

Ahora, déjame preguntarte una cosa: ¿qué tan bien te cuidas? ¿Cómo te hablas cuándo cometes un error? ¿Cómo te motivas cuando te sientes sin ganas de nada? Lo más probable es que, si no has ejercitado el músculo del autocuidado, no sepas hacerlo muy bien.

Lo que vamos a hacer ahora es recuperar esa relación madre-hija/padre-hijo interior. Vas a escribir las formas de cuidarte en todos los aspectos de tu ser, como si fueras el ser que más amas y que más te importa en el mundo entero.

¿Cómo podría cuidar mejor de mí físicamente?

___

___

___

¿Cómo podría cuidar mejor de mí mentalmente?

___

___

___

¿Cómo podría cuidar mejor de mí emocionalmente?

___

___

___

¿Cómo podría cuidar mejor de mí espiritualmente?

___

___

___

¿Cómo podría cuidar mejor de mí en mis relaciones?

___

___

___

¿Cómo podría cuidar mejor de mí en mi trabajo?

____
____
____

¿Cómo podría cuidar mejor de mí con mi diálogo interno?

____
____
____

Cuando termines, reflexiona si los resultados que tienes en tu realidad son un reflejo de cómo te cuidas. Y si te funciona, ¡maravilloso! Pero si ves que hay un área en la que te puedas redireccionar, no dudes en hacer un rediseño para tener una mejor estrategia de autocuidado donde sea necesario.

LA CAPACIDAD DE REDIRECCIONAR

Hay algo seguro en esta vida: la vas a cagar. En algún momento, de alguna manera, la vas a cagar y las cosas van a salir al revés de como esperabas. Pero también hay buenas noticias: primero, vas a poder crecer un poco más, y segundo, tienes el derecho de redireccionar tu vida y tus decisiones tantas veces como lo necesites. La calidad de tu vida y de tu felicidad depende en gran parte de tu habilidad para levantarte de tus caídas con amor y volver a empezar. No se trata de la cantidad de quiebres o fallas que tengas, sino de tu capacidad de manejarlos.

Repite conmigo: tengo el derecho a equivocarme y a enmendar mis errores tantas veces como sea necesario.

Somos humanos y estamos aprendiendo a vivir. Nadie se las sabe todas, ni las tiene todas resueltas. Pero lo que sí tenemos todos es la habilidad y el derecho de corregir nuestros "errores", que, al fin y al cabo, no son más que oportunidades para acercarnos cada vez más al amor.

Tenemos una gran habilidad que hemos practicado durante muchos años: darnos palo y ser duros con nosotros mismos. ¡Y claro que tener un nivel de exigencia que nos acerque a la excelencia es crucial para un nivel de autoestima elevado! Pero intentar ser perfectos es un objetivo que siempre nos traerá desilusiones. Atinarle a la excelencia es maravilloso, pero no a la perfección. No somos perfectos y no podemos serlo, y a las patadas nadie aprende más rápido. Para que exista orden, debe haber caos, y esa es la verdadera perfección universal. ¿Qué tal si nos hiciéramos el camino agradable? ¿Si cada vez que nos caemos, nos damos la manito y nos ayudamos a seguir caminando? Seguro, así la vida sería mejor; ser duro contigo, o quedarte en una misma situación incómoda durante mucho tiempo, solo porque "siempre lo has hecho así", no es para nada amoroso contigo ni con tu recorrido. Entonces, te invito a que abracemos nuestras embarradas con amor y nos llevemos a avanzar en una nueva dirección las veces que sea necesario.

ERES IMPORTANTE, PERO NO ERES NADIE

Quiero compartirte una frase que me dijo mi mentora HeatherAsh Amara, con quien me formé como entrenadora en liderazgo: "Eres muy importante para el mundo, porque necesita de tu luz particular, y al mismo tiempo no eres nadie en el mundo, y nada de lo que digas será nuevo ni especial".

Vinimos a esta experiencia humana a jugar y a experimentar el hermoso caos de la vida, y si con cada paso que doy estoy pensando "este debe ser el paso perfecto para mi mayor evolución", mi vida se va a convertir en una complicada tarea imposible de cumplir. ¿Qué pasaría si me creo el cuento de que mi personaje humano es un ser excelso, es maravilloso, es LA HOSTIA, como dirían en España, y al mismo tiempo comprendo que NO SOY ese personaje, sino que tan solo juego la vida a través de él? ¿Qué pasaría si me permito lanzarme a experimentar la vida con sus riesgos, con sus altibajos, con el miedo y el amor que la acompaña, en dicha, gozo y libertad, sin apegarme a la idea de que lo que vivo me define?

Imagínate que un bebé de un año, que apenas está aprendiendo a caminar, se dijera a sí mismo, "soy un inútil, no valgo para nada", cada vez que se cae mientras intenta dar un paso. Simplemente nunca aprendería a caminar, porque tendría tantos juicios que lo paralizaría la idea de volverlo a intentar. Los bebés no están apegados a su ego, y por eso, pueden disfrutar el proceso con tanto gozo y presencia, porque lo ven como lo que es: un juego.

ÁBRETE A RECIBIR

Yo no sé tú, pero para mí, recibir fue un tema que siempre me causó pena, culpa o incomodidad. Si alguien me ofrecía ayuda, sentía que le debía algo a cambio; si me llegaba mucho dinero, de inmediato, pensaba en cómo se me iba a acabar; si alguien me daba un regalo sin ninguna razón específica, sentía que yo no estaba dando lo suficiente en la relación; si estaba viviendo una época hermosa o una experiencia bella en mi vida, pensaba que no iba a durar mucho y no me permitía disfrutarla del todo, para no sufrir cuando se terminara. Todas las experiencias asociadas con recibir terminaban siendo manchadas por alguna emoción negativa. Recuerdo que incluso recibir cumplidos me era difícil; cuando alguien me decía, "Alex, qué bella estás hoy", yo le devolvía un comentario como, "Y eso que hoy no me lavé el pelo", "nooo, tengo la piel horrible", "me acabé de despertar y me veo como un zombi". ¡Ni siquiera un cumplido era capaz de recibir!

Repite conmigo: me abro a recibir todo, mucho, y lo mejor.

Una de las mayores demostraciones de amor propio que puedes tener es AGRADECER todo lo lindo que te ofrece la vida. Sin reproches internos, ni culpas, ni acciones para devolver lo que te han regalado, ni excusas de por qué no te mereces lo que te han dado. Ábrete a recibir lo que te gusta, con ganas y gratitud.

Si sientes que te cuesta demasiado recibir, puedes hacer pequeñas prácticas para descansar en la energía amorosa de receptividad. Te comparto algunas:

- La próxima vez que te den un abrazo, RECÍBELO. Hay una gran diferencia entre DAR un abrazo y recibirlo de forma activa. Imagina cómo todo el amor de la otra persona pasa a través de ti y te abres a recibirlo.
- Cuando te estén atendiendo en un café/restaurante, RECIBE el servicio que te están prestando con amor y apertura; no lo des por sentado, ábrete energéticamente a recibirlo y agradécelo con ímpetu.
- La próxima vez que alguien se ofrezca a ayudarte en alguna tarea sencilla, como cargar las bolsas del mercado, abrir un frasco de pepinillos o abrirte la puerta del carro, dile que SÍ (así no necesites la ayuda) y hazle saber lo agradecido que estás. No te disculpes, ni te excuses, ni le digas que "no debió ponerse en esas": solo di *gracias*.
- Cuando alguien te haga un cumplido y te diga alguna palabra bonita sobre quién eres, RECÍBELO, agradécelo.

APRENDER A PONER LÍMITES

Los límites son tu capacidad de comunicar efectivamente a otros qué quieres y qué no, qué toleras y qué no, cuáles son tus estándares, valores, y tus no negociables. Es tu forma de proteger a tu avatar humano en esta experiencia física, y son uno de los elementos más importantes a la hora de saber cuidarte, amarte e identificarte como una persona de alto valor.

Los límites son la forma en que te proteges, pero también como proteges tus relaciones, pues para poner un límite, debes ser honesto contigo y con las personas que te rodean. Si no dejas que otros vean lo que llevas en tu corazón y no comunicas lo que quieres, lo que necesitas y lo que es importante para ti, ¿cómo te terminas sintiendo? Con resentimiento, mal, y terminas perjudicando tus relaciones. Si las personas en tu vida no te conocen en realidad, ¿cómo pueden amarte de manera auténtica? Poner un límite no es poner una barrera y empujar a las personas afuera, ¡es dejarlas entrar! Es dejarles ver lo que te importa y lo que es real para ti. Esto requiere mucha valentía, y define qué tan amado crees que mereces ser.

Cuando tienes el carácter para comunicarle a otro ser humano de manera honesta, firme, amorosa y clara lo que toleras, o no, en tu vida, estás enviando la señal vibracional al universo de: honro mi corazón y lo que es importante para mí, porque SOY IMPORTANTE y MEREZCO SER AMADO. Por consiguiente, atraerás a personas que te traten como alguien importante, que merece ser amado, porque recuerda que tus relaciones son un reflejo de la que tienes contigo.

Ahora bien, ¿por qué es tan difícil poner límites sin sentir que estamos siendo agresivos, demasiado exigentes o malas personas? Porque fuimos domesticados para ser buenos niños, no humanos que se honran a sí mismos y a su verdad. La mayoría de nosotros fuimos criados para autoabandonarnos y complacer las necesidades de los adultos que nos cuidaban, aunque eso fuera en contra de nuestro propio bienestar. Y estábamos más sintonizados con lo que ellos necesitaban y deseaban, que con lo que era importante para nosotros. ¡Pero es nuestra oportunidad para cambiar esa realidad! El primer paso para poner un límite es conocerlo. Si no sabes cuáles son tus "no negociables", va a ser muy difícil que los comuniques.

Te invito a que reconozcas cuáles son tus creencias sobre poner límites: ¿te hace mala persona? ¿Egoísta? ¿Cómo es ser una buena mujer o un buen hombre para ti? ¿Cómo es ser una buena persona?

Creo que, al poner límites:

____

____

____

____

Recuerda que hay una diferencia entre un límite y una preferencia. Una preferencia es algo que desearías, que se sentiría bien, pero que no compromete tu bienestar. Por ejemplo, una preferencia puede ser: me gustaría que mi pareja me saludara con un abrazo amoroso cada vez que llega de trabajar. Un límite es: si mi pareja llega estresada del trabajo, necesito que se tome un momento para descomprimir su estrés antes de proyectarlo en mí y empezar a gritarme. Ten en cuenta que los límites son siempre personales y no una forma de controlar a los demás. Hay una diferencia entre "En mi carro no puedes dejar tu basura", a decirle a tu pareja que debería limpiar su carro porque está hecho un chiquero. Lo primero, es un límite; lo segundo, no te corresponde.

Ahora, escribe aquí cuáles son tus límites con respecto a cada categoría de tu vida:

Límites físicos: espacio personal, cómo permito que alguien me toque, o no, comentarios acerca de tu cuerpo, qué tan cerca te pueden hablar, etcétera.

___

___

___

___

Límites materiales: cómo te relacionas con tus posesiones materiales y cómo dejas que otros se relacionen con ellas. ¿Hay áreas de tu casa a las que no pueden entrar? ¿Deben quitarse los zapatos al entrar? ¿No se puede fumar en tu carro? ¿Prestas dinero, o no?

___

___

___

___

Límites mentales: tus valores, opiniones y creencias. Tienes el derecho a decir tu opinión, y el resto del mundo también, ¡y NO tienen que estar de acuerdo! ¿Permites que alguien te obligue a creer algo? ¿Permites que se hagan burlas sobre tus creencias? ¿Que te hagan demandas, en vez de peticiones?

Límites emocionales: yo me hago responsable de mis emociones y el mundo es responsable de las suyas. Por lo tanto, no culpo a otros por cómo me siento y no acepto culpa por cómo otros se sienten. ¿Cómo permites que te hablen cuando cometes un error? ¿Qué tipo de juicios no permites? ¿Asumes la culpa por las emociones de los otros? ¿Ofrezco ayuda sin que me la pidan?

ACTUAR "COMO SI": DEFINE TU PERSONAJE

Como lo dije al inicio de este capítulo, quien crees que eres y lo que crees que mereces va a ser siempre el reflejo de lo que atraes a tu vida. Es decir que, para empezar a ver cambios en tu realidad, primero debes cambiar tu identidad. Nada cambia si tú no cambias, y cuando tú cambias, todo cambia. Por eso quiero llevarte por uno de los ejercicios que más ha transformado mi forma de manifestar, pero, sobre todo, y más importante, MI FORMA DE SER y de vivir.

Cuando comencé el camino de creación consciente de mi realidad, una de las cosas que siempre me preguntaba era, ¿cómo hago para sentirme segura de mí misma? ¿Cómo hago para dejar de sentirme inferior e insegura? Lo que más deseaba era sentirme como esas mujeres poderosas que eran empresarias, mamás y parejas al mismo tiempo, y parecían moverse en el mundo sin un grano de miedo; que parecían poder con todo y al mismo tiempo verse maravillosas. Pero entre más lo intentaba, más me daba cuenta de lo lejos que estaba de ser una persona segura.

Y un día entendí algo que lo cambió todo: no vas a ser segura hasta que no SEAS segura. Ya sé que tal vez estás pensando, "Alex, esto no tiene ningún sentido", pero déjame te lo explico: no vas a ser la persona en la que te quieres convertir hasta que no lo seas y lo encarnes, aquí y ahora. No vas a ser segura hasta que no encarnes la energía de la seguridad aquí y ahora. Piensa en esto: ¿quién crea la inseguridad dentro de mí? Yo, ¿cierto? ¿Quién está SIENDO la inseguridad? Yo. Entonces, ¿quién tiene la habilidad de crear seguridad dentro de mí? PUES YO. Nada ni nadie más tiene esa habilidad, porque nadie vive dentro de mi cuerpo. Yo creía que era insegura por las circunstancias que había vivido, y que hasta que no tuviera una experiencia diferente no me iba a sentir con completa certeza de mí misma. ¿Y adivina qué? ¡Nada cambia si tú no cambias, mi ciela! Por eso, quiero compartirte uno de los métodos más poderosos que me ayudó a convertirme en la mujer todoterreno y todopoderosa que ahora soy.

Quiero que traigas a tu mente alguna manifestación específica, que sea muy importante para ti, y que sepas que, al manifestarse, le daría un giro de ciento ochenta grados a tu vida. ¿Listo? ¿La tienes clara en tu mente? Ahora, quiero que te preguntes lo siguiente:

¿Quién sería yo si ya hubiese manifestado lo que quiero? ¿Cómo pensaría? ¿En qué me enfocaría? ¿Cómo me sentiría? ¿Cómo actuaría? ¿Cómo hablaría? ¿Cómo caminaría? ¿Cómo me vestiría? ¿Cómo trataría a los demás?

Una cosa es saber lo que quieres, y otra, convertirte en la persona que está lista para recibir esa manifestación. ¡Es muy fácil! No esperes a que "las cosas te lleguen", porque no funciona así; conviértete en la persona que YA ES la manifestación.

Te voy a poner un ejemplo. El otro día me entrevistaron para el pódcast de un amigo y me preguntaron ,"Alex, por ejemplo, ¿cómo hago para manifestar la camioneta de mis sueños?", y yo le dije, "Conviértete en el dueño de esa camioneta antes de que la tengas. Piensa en esto, si te llegara hoy la camioneta a tu vida, ¿estarías listo para recibirla? ¿Ya tienes dónde estacionarla? ¿Ya tienes cómo pagar los impuestos? ¿Ya sabes cómo se siente manejarla? ¿Ya has ido al concesionario a mirar cuál es exactamente la que quieres? ¿Ya sabes a dónde quieres ir con ella y para qué la usarías?". Me dijo que no. Lo siguiente que le pregunté fue, "¿Quién tendrías que ser tú para ser dueño de esa camioneta?", a lo que me respondió, "Alguien ordenado con mis finanzas, seguro de mí mismo y mis habilidades, abundante, tremendo jefe, un gran líder que tiene una ética laboral excepcional". Le pregunté, "¿Ya lo eres? ¿Eres congruente con esas maneras de ser?". Él me respondió que no, y así, obtuvo su respuesta de por qué aún no tenía su camioneta.

No sé si lo notas, pero, según este principio, el proceso de manifestación se trata más acerca de quién eres y en quién te tienes que convertir para atraer lo que quieres, en vez del resultado en sí mismo. Y de nuevo, llegamos a la conclusión de que la manifestación empieza siempre por ti y no tiene nada que ver con las circunstancias, la vida, lo que pasó o no pasó en tu infancia, o si tienes el dinero o el tiempo suficiente, sino más bien con quién eliges ser en cada instante.

Entonces, siendo así, vamos a definir qué maneras de ser puedo elegir para crear la realidad que deseo y cuáles tal vez ya no me funcionan.

MANERAS DE SER QUE ME FUNCIONAN

Alegre	Emprendedor	Auténtico
Arriesgado	Honesto	Directo
Amigable	Líder	Amoroso
Poderoso	Apasionado	Valiente
Exitoso	Feliz	Vital

MANERAS DE SER QUE NO ME FUNCIONAN

Controlador	Analítico	Inauténtico
Egoísta	Procrastinador	Miedoso
Inseguro	Desconfiado	Tímido
Rencoroso	Prejuicioso	Mentiroso

LAS DECLARACIONES DE PODER

Una vez tengas identificadas las maneras de ser que son el vehículo para llevarte a vivir la realidad que eliges crear, te voy a compartir un método muy poderoso que me ha ayudado a transformar mi autoimagen, mi amor propio y, por lo tanto, mi poder de manifestación: las declaraciones de poder.

Cuando pronuncias las palabras YO SOY (que, por cierto, es un palíndromo, o sea que se lee igual al derecho y al revés), estás haciendo una de las afirmaciones más poderosas que existen, porque al hacerlo te estás otorgando un significado y un valor a ti mismo. Piensa en esto: el dinero como tal no tiene ningún valor en sí mismo, es solo papel impreso con la cara de personajes importantes de la historia. Si, por ejemplo, tomas en este momento un billete de Kenia en tus manos, y no tienes ni idea de cuánto puedes comprar con cincuenta chelines kenianos, lo más probable es que ese billete no represente nada para ti, sino que sea solo papel de colores. Sucede lo mismo contigo: no tienes significado más que el que tú eliges darte, no eres ni bueno ni malo, poderoso o sin poder. Tú eres lo que eliges decretar como la verdad acerca de ti. Entonces, ¿cómo quieres declararte? ¿Cómo quieres declarar tu vida?

En inglés, la palabra *spell* significa deletrear, hechizo o encanto. Entonces, imagina que cada vez que pronuncias la palabra YO SOY estás lanzándote un encantamiento que te hechiza con esa verdad. ¿Qué tipo de hechizo te mandarías? ¿Uno de superpoderes o uno de maleficio?

Lo que vamos a hacer a continuación, es nuestra lista de afirmaciones personalizadas. Puedes utilizar afirmaciones que otras personas hayan diseñado, pero nadie te conoce más que tú y nadie va a poder darte lo que necesitas mejor que tú. Por eso, acá te van las claves que decidí llamar las siete "P" para crear una declaración perfecta.

Las siete "P" para crear la declaración perfecta

Posible: Es importante que, antes de hacer una declaración, te abras a la posibilidad de que esa es la verdad. No tienes que sentir 100% certeza, pero sí tienes que creer que es razonablemente posible. Por ejemplo, cuando empecé el camino de aprender a amarme, era muy poco creíble para mí decir "yo me amo", porque se sentía falso, entonces lo que dije fue,"yo estoy dispuesta a amarme", "yo estoy aprendiendo a amarme", "yo puedo amarme", "amarme es mi derecho divino". Cuando ya estaba más avanzada en el camino de amor propio, pude decir, "yo me amo" y "soy una mujer con altísimo amor propio".

Poder: Es mejor si tus declaraciones están dentro de tu poder personal. Si, por ejemplo, afirmas, "va a hacer un día soleado el día de mi boda" o "mi esposo es un hombre ordenado", ninguna de esas cosas está bajo tu poder: no puedes controlar ni la lluvia ni a tu esposo, pero sí puedes controlar cómo te sientes al respecto y cómo respondes en estas situaciones. Podrías afirmar, en cambio, "mi boda es el mejor día de mi vida", "mis invitados y yo nos divertimos como nunca, sin importar lo que pase"; "yo comunico mis necesidades con libertad y claridad", "yo pongo límites sanos" o "yo soy tolerante con las personas que amo".

Presente: Queremos crear nuestras declaraciones en tiempo presente, como si estuvieran pasando en este mismo instante. Una buena clave es incluir la palabra SOY, en vez de seré, porque seré implica que sucederá en el futuro, y si te afirmas algo en futuro, lo estarás afirmando como algo que no ha pasado y, por lo tanto, no ES.

Personal: Vamos a asegurarnos de que estamos usando declaraciones "yo soy" para que, una vez más, estemos hablando desde nuestro propio poder y no desde el "control" hacia algo exterior. Si, por ejemplo, queremos crear una afirmación con respecto a un proyecto de trabajo, vamos a escribir algo como "yo soy una escritora *best seller*", "yo soy una mujer inspiradora y abundante", en vez de "la editorial vende todos mis libros".

Positivas: Queremos enfocarnos en lo que sí quieres, en vez de lo que no quieres. Sobre todo, queremos evitar usar la palabra *no*, así como afirmaciones de algo que quieres dejar de hacer o alejar. Como ya te expliqué, no existe la ley del rechazo, solo la de la atracción, y bien sea que lo quieras o no, si tu atención está en ello, lo vas a atraer. Entonces, en vez de escribir "quiero dejar de gritarles a mis hijos", puedes poner "yo les hablo positiva y constructivamente a mis hijos".

Pasión: Queremos utilizar palabras que te motiven, que te muevan las fibras interiores e involucren tus emociones, que te ayuden a visualizar con facilidad. De esta manera, le haces creer a tu cerebro que esa es la forma como piensas, como te sientes y experimentas la vida. En mi cuenta de Instagram hay una sección en la que hago videos que se llaman "furioso amor", en donde me miro al espejo y me grito con euforia palabras de amor propio. Esta emoción hace que mi subconsciente pueda absorber con mucha más efectividad la información que le estoy comunicando.

Persistencia: Lo último es que, para que tus afirmaciones funcionen, debemos ser consistentes, porque tu mente subconsciente aprende a través de la repetición. No sirve de nada que hoy hagas una declaración acerca de ti y nunca más lo vuelvas a hacer. Es igual que el gimnasio: los resultados se ven después de un tiempo y de práctica. Una buena idea es escribir tus afirmaciones por toda tu casa, pues así tendrás la oportunidad de repetirlas más veces al día. Por ejemplo, en mi nevera tengo pegadas las afirmaciones "yo amo comer saludable", "yo amo mi cuerpo y lo cuido", "yo soy amable y amorosa con mi cuerpo", "mi alimento es mi medicina".

Ahora, hay una clave que encontré y ha sido muy útil para mí: no hagas declaraciones/afirmaciones cuando estás en un estado emocional MUY NEGATIVO, para intentar evadir o tapar tus emociones. Esto puede ser parte de algo que se llama "*bypass* espiritual" o "posibilidad tóxica", en el que hacemos como si todo estuviera bien y evitamos sentir cualquier emoción negativa. OJO: las declaraciones no son una herramienta de evasión; son elementos que podemos usar cuando somos conscientes de dónde estamos y hacia dónde elegimos movernos en la vida. Nos ayudan a expandirnos, no a suprimirnos.

Por ejemplo, cuando alguien de tu familia acaba de morir, no es el momento para decirte "yo soy una mujer feliz", "siento emociones positivas por todo mi cuerpo", porque lo único que vas a atraer es más resistencia a tu experiencia y te vas a sentir peor. Recordemos que todas las herramientas de este libro SOLO funcionan si energéticamente traen alivio a tu experiencia y te hacen sentir mejor, no al revés. Lo ideal es hacer nuestras afirmaciones cuando nos encontramos en un estado neutral o positivo. Y si estamos en un estado emocional negativo, asegurémonos de que las afirmaciones nos hagan sentir alivio, y no resistencia.

Espacio de consciencia

Ahora, es momento de que crees tus propias declaraciones, teniendo en cuenta las áreas de la vida que hemos usado en los capítulos anteriores. Te recomiendo que, por cada área, hagas de dos a tres afirmaciones, para que crees tu propio menú.

Declaraciones sobre mí mismo/a:

Declaraciones sobre las relaciones de pareja:

Declaraciones sobre mi familia:

Declaraciones sobre mis amigos:

Declaraciones sobre el dinero:

Declaraciones sobre el trabajo:

____

____

Declaraciones sobre mi espiritualidad:

____

____

Declaraciones sobre cualquier otra área que consideres importante:

____

____

Acá te dejo un ejemplo de mi menú de declaraciones actuales, por si quieres tomarlas como inspiración. Recuerda que tus afirmaciones personales pueden ir cambiando, según la etapa en la que estés y lo que estés eligiendo crear en ese momento.

- Yo soy una autora *best seller.*
- Yo vine al mundo a dejar un legado.
- Yo soy una mujer *fit.*
- Yo estoy dispuesta a pagar los precios de la grandeza.
- Yo amo y elijo comer alimentos saludables.
- Yo estoy comprometida con mi salud.
- Yo soy una mujer muy atractiva, magnética, con carácter, que sabe comunicar sus límites desde la vulnerabilidad y la transparencia.

- Yo soy una mujer que se ama y se valora a sí misma sin condición.
- Yo soy más fuerte que mis miedos y más grande que mis circunstancias.
- Yo soy una empresaria millonaria y exitosa.
- Yo actúo masivamente con decisión, convicción y compromiso.
- Yo soy ordenada y estratégica con mis finanzas.
- Yo soy una líder imparable.
- Yo soy la mayor líder transformacional de toda Iberoamérica.
- Yo soy la *speaker* más influyente en todos los escenarios de Iberoamérica.
- Yo soy una pareja consciente y amorosa.
- Yo me dejo sostener por mi equipo, a quien amo profundamente.
- Yo soy una amiga presente e inspiradora.
- Todo lo que necesito se encuentra dentro de mí, ahora.

Método audio de declaraciones

Una vez tengas tu menú de declaraciones personales, vas a grabar una nota de voz en tu celular mientras lees tu lista con convicción e ímpetu. Si así lo prefieres, puedes poner música de meditación o inspiracional de fondo, para hacer el audio un poco más impactante. Repite la lista tres veces en el audio. Y cuando la tengas, puedes ponerla todas las noches antes de dormir (no importa si te quedas dormido mientras la escuchas), o puedes usar mi opción favorita, que es poner el audio mientras te bañas todas las mañanas. Puedes comprar un espejo de esos que se pegan en la ducha y mirarte a los ojos mientras repites tus declaraciones. Y acá te va la parte más importante de este método: si eliges repetir tus declaraciones frente al espejo (lo cual recomiendo), TIENES que decirlas con CERTEZA y CONVICCIÓN. Usa una fisiología poderosa, párate derecho, proyecta tu voz, habla fuerte y claro, abre tu pecho y sube tu quijada. Si quieres gritarlo, ¡GRÍTALO! Pero, sobre todo, ¡créetelas!

Compromiso conmigo

Desde hoy elijo abrirme a recibir todo, mucho, y lo mejor.

Decido hacerme mi prioridad y verme como el ser más valioso de todo el planeta Tierra.

Desde hoy elijo cuidar de mí como si fuera mi propio hijo, entendiendo que soy la fuente de mi mayor bienestar.

Desde hoy elijo actuar sabiendo que mis deseos ya son una realidad y me convierto en un imán para ellos.

Elijo usar mi palabra para definirme como un ser maravilloso y sagrado; por eso, declaro y decreto que: yo soy un manifestador poderoso, yo manifiesto mi realidad con facilidad y sin esfuerzo, yo soy amor, yo soy abundancia, yo soy.

PASO 7

ACCIÓN INSPIRADA

EL PASO MÁS IMPORTANTE

Hay algo que siempre repito en mis videos de YouTube, y aprovecho para decírtelo a ti aquí: no me creas nada, ve y lo experimentas en tu vida, y luego me cuentas si te funciona o no. No me creas ni una palabra de lo que has leído en este libro, pero date la oportunidad de comprobar si te sirve, a través de tu experiencia, no solo de tus pensamientos. Saca tus propias conclusiones mientras aplicas en tu vida lo que has aprendido hasta ahora. Saber algo con la cabeza, desde el conocimiento intelectual, sin traerlo a la práctica, ¡no sirve para nada! Y te lo digo por experiencia, porque por muchos años me quedé "sabiendo" muchas cosas y practicando muy pocas, pero solo hasta que realmente empiezas a SER aquello que sabes, todo cambia. Y claro, cuando estás alineado con el SER, comienzas a HACER desde ese lugar. Porque todo esto de la alineación, la atención, la emoción y la intención suena muy bonito, pero ¿qué pasa con la acción? ¿Me puedo quedar sentado en el sillón esperando a que las cosas me lleguen del cielo? ¿Así debería funcionar? Simplemente con visualizarlo y sentirlo, ¿podría atraerlo? En realidad, no. No digo que sea imposible manifestar sin un gramo de acción, porque yo creo que todo es posible y todo puede pasar; sin embargo, creo que en el 99% de los casos (o por lo menos en los que yo he vivido), la acción sí es necesaria y muy importante, porque es la forma como reafirmas quién eres, como le pruebas a tu mente que sí eres quien dices ser y que sí crees en lo que dices creer. Por eso se llama *ley de la atrACCIÓN*, y no *ley de la atracuéstate a dormir y no hagas nada*.

Tus acciones son el resultado de tus pensamientos, emociones, intenciones y tu autoimagen, así que son el ingrediente que "sella" tu manifestación. La acción masiva, alineada con tu visión, es la salsa secreta de la ley de la atracción. Si, por ejemplo, te sabes TODA la teoría del autocuidado, cuáles son los mejores hábitos para cuidar de ti mismo, cómo hacerte tu prioridad, cómo poner límites sanos, todo, pero NO tomas las acciones que van en coherencia con ese conocimiento, NO SIRVE DE NADA QUE LO SEPAS. Te lo digo porque, durante muchos años, me supe de memoria la teoría de las relaciones sanas, pero a la hora de aplicarla, continuaba teniendo relaciones de codependencia, no sabía poner límites, era una mujer evasiva, que buscaba siempre ser perfecta y no podía comunicar mis sentimientos con claridad... Por eso dicen que del dicho al hecho hay mucho trecho.

En muchas ocasiones vas a requerir una acción arriesgada, masiva y fuera de tu zona de confort, pero la mayoría de las veces vas a requerir solo una pequeñita acción constante para girar por completo todo tu sistema de hábitos y de comportamientos. Tan solo un giro de un 1% cada día puede llevarte a ser 365% mejor al final del año. Por ejemplo, cuando sané mi acné severo, no había nada específico que yo tuviera que "hacer" activamente, más que visualizar y practicar con frecuencia las emociones de seguridad, certeza y confianza en mi interior. No obstante, entre más practicaba mi vibración de seguridad en mí, sí hubo varias cosas que dejé de hacer, como mirar todo el tiempo mi piel al espejo mientras me pinchaba los granitos, y revisar cada mañana si había amanecido mejor o peor. Y hubo otras cosas que comencé a hacer, como decir sí a todos los planes a los que me invitaban —que antes hubiera rechazado porque me avergonzaba mi piel—, salir a citas con chicos de Tinder sin un gramo de maquillaje en el rostro (aun teniendo granos), y a tomarme sin miedo fotos con *flash* y a subirlas a mis redes sociales, aunque se me vieran las imperfecciones de la piel. Solo porque una persona que se siente segura de sí misma actúa de esa manera. El ejemplo de mi acné puede parecer sencillo, pero cuando te alineas con la energía de lo que deseas, es importante que ocurran cambios en tu comportamiento, por más pequeños que parezcan.

A lo largo de este libro has aprendido que toda manifestación surge de la mezcla entre una creencia a la que le has dado la suficiente atención y las emociones que esa creencia produce en tu interior. Esa creencia refuerza la posibilidad de una realidad en POTENCIA, es decir, una que puede ser manifestada, pero que aún no se encuentra en el plano de las tres dimensiones. ¿Qué se necesita para que ese potencial se convierta en la realidad física, una vez que tienes tus creencias y emociones alineadas? La respuesta es, el MOMENTUM, es decir, el tiempo y la energía invertidos en esas creencias y emociones. ¿Y cuál es la forma de crear momentum? TOMAR ACCIÓN. Porque cuando atraviesas una experiencia, refuerzas tu identidad y tu creencia de "soy capaz" o "esto es posible para mí", y comienzas a ver resultados; tu creencia y tu vibración se establecen aún más en tu punto de atracción.

El autor y conferencista Tony Robbins explica esto a la perfección en su fórmula del ciclo del éxito[3]:

1. CREENCIA	→	2. POTENCIAL
↑		↓
4. RESULTADOS	←	3. ACCIÓN

Tu creencia es el inicio de todo el ciclo. Supongamos que lo que quieres es iniciar tu nuevo emprendimiento, pero tienes la creencia de que no posees lo que se requiere para ser un excelente emprendedor, porque cuando eras pequeño, tu papá te dijo que emprender es el peor negocio de todos, basado en los resultados que él tuvo. ¿A cuánto

3 Gina W. Hansen, "The Success Cycle - Tony Robbins Best Motivation for Success 2017". Disponible en: https://www.youtube.com/watch?v=53SUD--sFZU

potencial vas a acceder teniendo esta creencia? Probablemente verás muy poco potencial en la manifestación de tu emprendimiento y en tus propias capacidades, porque no crees que sea posible. ¿Cuánta acción vas a tomar desde este potencial? Tal vez muy poca, y desde una mala energía y actitud. Ofrecerás tus servicios y productos con inseguridad o tendrás miedo de contratar a un buen equipo. ¿Qué resultados vas a ver en tu realidad desde esta acción? Resultados pobres: pocas ventas, mala relación con tu equipo, pérdida de dinero, etcétera. ¿Qué creencia se reforzará con estos resultados? Que tú no tienes lo que se requiere para ser un excelente emprendedor.

¿Significa entonces que si tomamos más acción vamos a tener mejores resultados? No siempre, porque todo comienza desde tu creencia; por eso, hemos atravesado más de la mitad de este libro hablando de tus recursos internos, antes de hablar de la acción. Tú puedes tomar toda la acción del mundo, pero si no tienes una creencia firme y alineada, la acción estará vacía y traerá resultados pobres. También va a haber momentos en los que no vas a obtener los resultados maravillosos que esperas, pero si tu creencia está firme, seguirás actuando desde un magnífico potencial y, tarde o temprano, los resultados llegarán a tu vida. Desde una creencia firme, el fracaso desaparece porque comprendes que siempre hay una manera de lograr lo que te propones, y si "fallas" al inicio, es porque no has terminado todavía.

SER-HACER-TENER

En el paradigma general de la conciencia colectiva, estamos acostumbrados al modelo de TENER- HACER-SER. Es decir que, si consigo TENER el dinero necesario, voy a poder HACER mis sueños realidad y luego voy a poder SER feliz. O si consigo tener una pareja, voy a poder expresarle mi amor a alguien y, por lo tanto, voy a ser amada, hermosa y segura. Este es un modelo de afuera hacia adentro: según lo que tengo en mi exterior, voy a poder alcanzar un estado interior. Es decir: mis circunstancias externas controlan mi mundo interior.

El nuevo modelo que te propongo es el de SER-HACER-TENER. Así, al convertirme en la persona con pensamientos y emociones alineados con mi deseo, puedo tomar acción hacia mis sueños y, por lo tanto, materializar resultados en mi experiencia. Primero, SOY una mujer emprendedora y millonaria; luego, actúo en consecuencia y coherencia, y al hacerlo, mis resultados son un reflejo de quien soy. Primero me siento amada, hermosa y segura; por lo tanto, puedo expresar amor hacia otros con vulnerabilidad y, al mismo tiempo, hacerme mi prioridad, y, como resultado, manifiesto una pareja maravillosa. Primero, me convierto en el contexto de amor y abundancia, y luego, sí actúo en consecuencia.

A lo largo de este libro has aprendido a desarrollar una maestría de tu SER. Has aprendido a alinear tus creencias y emociones con una frecuencia elevada. Y ahora es importante comprender el HACER, porque tener los mismos comportamientos de siempre es manifestar la misma vibración de siempre, que lleva a los mismos resultados de siempre. Pero hay una gran diferencia entre una acción desde la lucha, la resistencia y el esfuerzo, y otra, desde la alineación.

ACCIÓN INSPIRADA

La acción inspirada no viene desde la fuerza, sino desde el poder, y el poder verdadero es la alineación interior. La acción desde la fuerza viene de la escasez, porque cree que hay algo que "le hace falta", y por eso, debe actuar. Por lo general, esta acción crea mucho estrés en el proceso. En cambio, la acción inspirada viene desde la abundancia, desde un resultado de quien ERES y, por lo tanto, puede actuar con certeza. La acción requiere energía, atención y compromiso nivel 5, pero no esfuerzo, sacrificio ni sufrimiento; el esfuerzo surge cuando hay una resistencia energética de por medio. La acción inspirada viene como resultado de un enfoque láser hacia el objetivo y una creencia inquebrantable de mi capacidad para lograrlo.

¿Dejar que las cosas te lleguen o ir por ellas?

Se necesita un poco de las dos cosas para lograr una acción inspirada. Uno de los temas más recurrentes en mi canal de YouTube y en mis talleres *online* es la energía femenina, que es la energía de receptividad, creatividad, vulnerabilidad y flujo con la corriente de la vida. Es "dejar que las cosas fluyan". La energía femenina va despacio, se abre y espera a que todo llegue en un ritmo natural, porque reside en el SER. Por el contrario, la energía masculina es la energía de entrega, de dar, el enfoque, la claridad, estructura, asertividad y disciplina. La energía masculina va detrás de lo que quiere y no se queda esperando a que le llegue, porque reside en el HACER. La energía femenina SIENTE; la masculina HACE. La energía femenina está conectada a tu corazón, y la masculina, a tu mente; la femenina atrae magnéticamente y la masculina alcanza sus objetivos con sus acciones; la femenina se encarga del mundo interior, y la masculina, del exterior. Todos los seres humanos tenemos ambas energías presentes, aunque puede que una sea la que predomine en tu interior.

En la actualidad vivimos en una sociedad masculinizada en extremo, en la que el esfuerzo, el trabajo duro y la estructura son venerados como virtudes maravillosas y, por el contrario, el fluir, la creatividad y la vulnerabilidad son vistos como debilidades, como actitudes perezosas frente a la vida.

Pero entonces, ¿cuál energía deberíamos aplicar a la hora de manifestar? La respuesta es, AMBAS. El proceso de manifestación es un camino de balance entre las dos energías, en el que coqueteas con la vida, escuchas los deseos de tu corazón, incrementas tu magnetismo personal (energía femenina) y, una vez estás en el estado de receptividad, tienes el campo libre para moverte con vigor y determinación hacia tus objetivos (energía masculina). A lo largo de este libro hemos estado ahondando en los movimientos energéticos internos que se requieren para alinearnos con la energía receptiva y presente de lo que queremos, y una vez teniendo eso claro, podemos tomar acción. Pero no cualquier tipo de acción, sino acción inspirada.

En mi entrenamiento *online* para mujeres *De regreso a ti* les explico a las participantes, en profundidad, el paso a paso para vivir desde un balance entre sus dos energías. Y siempre les digo: "pon tu energía masculina al servicio de tu energía femenina". Es decir, conecta con lo que en realidad deseas desde tu corazón y, una vez lo tengas claro, muévete hacia ello sin un gramo de duda, como si un láser te estuviera guiando hacia tu objetivo, y no dejes que ni tus emociones, ni tu yo limitado, ni tus circunstancias, te controlen y manejen tu libertad de elegir cómo y cuándo actuar.

¿CÓMO TOMAR NUEVAS ACCIONES?

En todo este libro hemos ido entendiendo que, para comenzar a manifestar deliberadamente nuestra realidad, primero debemos volcar la mirada hacia nuestro interior, porque entendemos que toda nuestra experiencia es un reflejo de nuestra vibración. Hemos comprendido que, si nuestra atención está firme en lo que quiere la Fuente para nosotros, si nuestras emociones están tranquilas y conectadas con la gran Fuente de amor, si nuestras intenciones son claras, si nos estamos amando con la creencia de que merecemos lo mejor, si estamos confiando y dejando ir el resultado y estamos actuando en coherencia con nuestra visión de vida, las posibilidades de que manifestemos nuestra realidad deliberadamente son bastante amplias. Pero si la teoría ya la tenemos, y es tan simple, ¿por qué no todo el mundo lo hace? ¿Por qué tantas personas viven en medio de una realidad limitada e indeseada?

La respuesta es sencilla: DOMESTICACIÓN. El cerebro humano funciona como el de un perro o cualquier otro animal domesticable. Cuando le repites un comando a tu cerebro las suficientes veces, va a llegar un punto en el que tu cuerpo va a reaccionar de manera automática, sin que tengas que pensarlo. Esto es a lo que le llamamos "piloto automático". Así como cuando entrenas a un perro para que se siente cada vez que haces una señal específica y luego le das un premio, tu cerebro ha sido programado durante toda tu vida para tener las creencias, las emociones y los hábitos que tiene hasta el día de hoy, y cambiar un programa que lleva instalado en tu cuerpo más de quince, veinte, treinta u ochenta años no siempre es tan fácil.

La buena noticia es que, aunque requiere mucha constancia, ¡SÍ ES POSIBLE! Lo único que necesitas es intención, consciencia, y un sistema. Puedo asumir que, si estás leyendo este libro, ya tienes la intención de cambiar, y que la consciencia la has estado desarrollando a lo largo de estas páginas. Ahora, lo último que nos falta es encargarnos de crear un sistema.

Algo que siempre les digo a mis clientas es: no creen metas, creen sistemas para sus metas. ¿Qué pasa la mayoría de las veces que creas tus metas y propósitos para Año Nuevo? Te emocionas durante veinte minutos mientras las escribes, las cumples durante la primera semana de enero, y en febrero ya no tienes ni el recuerdo de lo que te propusiste. ¿Por qué pasa esto? Porque una meta no es más que la acumulación de pequeños hábitos repetidos en un largo periodo.

¿Cómo crear un sistema?

Supongamos que tu meta es construir un cuerpo *fit* y tonificado. Pongo este ejemplo porque es un objetivo que tiene un sistema específico, y los resultados son muy evidentes, pero puedes usar este proceso para cualquier meta que tengas.

1. Identifica el resultado que quieres alcanzar. Como ya aprendimos, el primer paso es siempre la claridad. ¿Qué quieres exactamente? Un menor porcentaje de grasa corporal, más masa muscular, mantenerte en tu peso, tener centímetros exactos en la medida de tu cintura. Define qué quieres. Sé específico. En este punto, siempre me gusta recordarme que no elijo nada porque "lo necesito", sino porque estoy jugando el juego de la vida y puedo elegir lo que quiero.

2. ¿Quién requieres ser para tener los resultados que deseas? Imagina que ya tienes el resultado que querías, ¿en quién te tuviste que convertir para llegar ahí? En este caso, pondría algo como: una mujer disciplinada, enfocada, determinada y constante. Ten la imagen clara de

quién eres ahora, no en quién te vas a convertir en el futuro. Crea y aprópiate de tu nueva identidad ahora.

3. Deconstruye tu meta de atrás hacia adelante. Imagina que ya tienes el resultado que querías. ¿Qué tuviste que hacer para llegar ahí? ¿Qué acciones específicas tuviste que tomar? En este caso, sería algo como: ir a un nutriólogo para que me dé un plan de alimentación de acuerdo con mi meta, contratar un coach para que me acompañe a entrenar según mi meta, seguir los pasos de mi coach y nutriólogo con constancia y sin detenerme.

4. Identifica tus creencias relacionadas con tomar esas acciones y obtener el resultado. La mecánica de la mayoría de las metas es conocida; en general, todos sabemos cómo lograr un cuerpo *fit*, pero muchos no lo tienen por la psicología que se requiere para construirlo. Por eso, te invito a que identifiques cuáles creencias tienes con respecto al resultado que te planteas lograr. Por ejemplo: hacer ejercicio es muy difícil, hacer dieta es muy difícil porque nadie en mi casa come así, no voy a poder ser social y tener amigos, no tengo tiempo para ir al gimnasio, nunca he podido ser constante, el *fitness* no es para mí, etcétera. Identifica qué conversaciones tienes sobre las acciones y los resultados que te propusiste, y sé consciente de que no te funcionan ni te apoyan para lograrlos.

5. Inventa las creencias "antídoto" a esas creencias limitantes. Elige creencias que te apoyen en tu proceso. Con base en

el resultado que quieres obtener, ¿cuáles creencias te apoyan? ¿Qué tipo de pensamientos te son útiles? En este caso, se vería algo así: me rehúso a ser promedio; no tengo que amar el proceso, pero estoy comprometida con el resultado; tener un cuerpo *fit* es un reto que acepto felizmente; no espero que sea fácil, pero aspiro a ser más fuerte. Tu trabajo es encargarte de programar estas creencias antídoto como si fueran de vida o muerte, tener un compromiso inquebrantable con este nuevo modelo de pensamiento.

6. Haz un plan de acción: diario, semanal, mensual. Ponte fechas, horarios, días de la semana, lugares específicos, etcétera. En este caso, se vería algo como: voy al gimnasio lunes, martes, miércoles, viernes y sábado a las 7:00 a. m. a entrenar con peso; los lunes y jueves hago cardio y el domingo descanso, o algo así.

7. Desconecta tus emociones del proceso. ¿Adivina, qué? ¡Eres humano! Y vas a querer volver al piloto automático y a lo que siempre has estado acostumbrado; es casi como si fueras adicto a ser promedio, a la pereza y al confort. Tu trabajo es darte cuenta de las veces en que estés cayendo en una creencia limitante o promedio y reprogramarla con la creencia antídoto. Cuando el proceso se ponga difícil (porque en muchas ocasiones los procesos no son color de rosa), desapega tus emociones de tu compromiso con el resultado. No importa si te sientes bien o mal, con ganas o sin ganas: tu enfoque no está en cómo te sientes, sino hacia dónde vas. En este punto es importante que no

seas víctima de tus emociones, porque pueden ser muy volátiles. Los procesos que están conectados a la grandeza, a estar por encima de lo ordinario y lo promedio, por lo general, están desconectados de las emociones. Piensa en los atletas de alto rendimiento o los negocios multimillonarios. No son emocionales, son estratégicos.

8. Hazle *tracking* a tu progreso, no a tu perfección. ¿Alguna vez has tenido la creencia de que, si no lo haces perfecto o no ves cambios pronto, no está sirviendo nada de lo que haces? Yo sí. Y por muchos años tuve esa creencia limitante hasta que entendí esto: mi objetivo es el progreso, no la perfección. Yo busco un progreso en mis disciplinas, una dosis pequeñita de mejora diaria, en vez de un gran cambio inconstante. El ejemplo más común es el del gimnasio. Si vas seis horas al gimnasio hoy y te miras al espejo, tal vez no veas ningún cambio; pero si vas por una hora, seis días de la semana, después de un mes ya vas a ver un progreso. Y es justo este el enfoque que queremos tener en el momento de tomar acciones diferentes. Puedes revisar tus avances semanalmente, cada quince días o cada mes, con la meta que sea que te hayas planteado.

9. No pares hasta no ver resultados. Es simple, así como diría Les Brown: "It's not over until I win". No se termina hasta que gane. No te detengas. Sigue hasta que lo logres, y si no lo logras, es porque no has terminado y debes seguir accionando.

Espacio de consciencia

Como ya te habrás dado cuenta, a mí no me sirve de nada que tú "sepas" la teoría de cómo tomar acción si no accionas de verdad. Así que vamos a aplicar el método que acabas de aprender y a crear un sistema para uno de tus sueños. Vamos a elegir solo uno, porque recuerda que estamos buscando progreso y no perfección.

1. Identifica el resultado que quieres alcanzar.

2. ¿Quién requieres ser para tener los resultados que deseas?

3. Deconstruye tu meta de atrás hacia adelante.

4. Identifica tus creencias relacionadas con tomar esas acciones y obtener el resultado.

5. Inventa las creencias "antídoto" a esas creencias limitantes.

6. Haz un plan de acción diario, semanal o mensual. Ponte fechas, horarios, días de la semana, lugares específicos, etcétera.

Ahora sí, ¡a accionar! Consciente de tus emociones, pero sin engancharte con ellas, haciéndole *tracking* a tu progreso y sin parar hasta ver los resultados.

Si quieres una guía más personalizada de tus procesos de manifestación, te invito a seguirme en mis redes sociales para que puedas ver todas las novedades de mis cursos *online* de manifestación, en donde no solo te doy un acompañamiento más cercano, sino que también hacemos rutinas diarias, rituales, métodos y visualizaciones para que puedas integrar mejor tu experiencia.

ACTUAR COMO SI

Hay un paso más allá de crear un sistema para empezar a apropiarte de tu manifestación con poder y convicción, y es el método de "actuar como si". Consiste en actuar como si ya estuvieras experimentando o ya tuvieras eso que quieres atraer a tu vida. Es comportarte, sentir y pensar como si ya tuvieras el resultado. Para mí, este paso es el resumen de todos los procesos mencionados antes. Pero claro, para llegar a "actuar como si" necesitamos un poco de práctica, así que aquí te van algunos pasos que pueden ser útiles:

1. Actuar el papel: este paso es sobre tus comportamientos. Puedes elegir comportarte como la persona que eres cuando ya tienes el resultado que quieres. Entonces, por ejemplo, si quieres conseguir un trabajo que te gusta y pagan bien, pregúntate: ¿cómo actúa una persona que tiene un trabajo que le gusta y le pagan bien? Con seguridad, se levanta temprano, se alista y trabaja en eso que le gusta; tal vez tiene ahorros y es ordenada con su dinero y lo invierte con alegría, tranquilidad, y sin arrepentimiento. No hay forma más fácil de atraer pobreza que gastar el dinero con arrepentimiento.

Entonces, pregúntate: ¿cómo actúa una persona que... (acá tu resultado)? Esto va mucho más allá de la mecánica o del sistema; se refiere a pequeños cambios de comportamiento que te hacen sentir como si tu resultado ya fuera real. En el ejemplo del gimnasio, puede que ya sepas las acciones que necesitas para tener el cuerpo que deseas, pero ¿qué hay de mirarse al espejo y criticarse? ¿Crees que una persona *fit* hace eso? Tal vez no, así que esta es tu oportunidad para actuar en el papel. Se valen desde los cambios más pequeños.

Escribe aquí una lista de comportamientos que vayan de acuerdo con tu resultado:

____

____

____

____

2. Hablar el papel: este paso se trata de hablar de una manera que se acople con eso que estás manifestando. Vas a hablar de tus deseos en la realidad. También tiene que ver con la forma como respondes a las situaciones de la vida cotidiana. Entonces, en el ejemplo del *fitness*, no vas a decirte "Agh, como estoy de gorda y fea, no puedo dejar de comer, es muy difícil". ¿Qué crees que vas a atraer desde esa comunicación? Por el contrario, vas a hablar como si ya fueras *fit*. Algo como: "me siento cada día más y más fuerte, cada día me veo y me siento mejor, me siento liviano y enérgico, mis niveles de energía incrementan todo el tiempo".

¿Cómo se comunica la persona que ya tiene el resultado que desea?

____

____

____

____

3. Lucir el papel: este paso se relaciona con cómo te ves y cómo te vistes. Vístete para el trabajo que quieres, no para el trabajo que tienes. Si quieres atraer más felicidad a tu vida, vístete con prendas que te hagan feliz. Si quieres ser y sentirte superatractivo, vístete como la persona más atractiva que conozcas. Si quieres bajar de peso, vístete con ropa de gimnasio que te inspire y te motive, o con prendas que te hagan ver más delgado y acentúen tu figura.

¿Cómo se viste la persona que ya tiene el resultado que desea?

____

____

____

____

4. Cree en el personaje: puedes actuar, hablar y vestir el papel, pero si no crees con convicción en que esta nueva identidad hace parte de ti, y está desarrollándose cada vez más en el momento presente, no lo vas a lograr. Puedes elegir creer que ya eres ese personaje. Y sí, al inicio se va a sentir MUY raro, te vas a sentir sobreactuado y falso, pero si constantemente te repites, “yo soy esta persona, yo me siento así todos los días”, te lo vas a terminar creyendo.

Algo que me ayuda mucho en este punto es no pensar en mi personaje como algo que "no soy" o algo que está "fuera de mí", sino como una parte de mí que ha estado dormida y ahora me estoy dando el permiso de despertar.

El arte de modelar

Sé que a veces la técnica de "actuar como si" puede ser un poco retadora, porque ¿cómo voy a saber cómo sería tener los resultados que quiero si aún no los tengo? Por eso, una de las formas más fáciles que he encontrado para seguir esta técnica es el arte de modelar. Toma a una persona que admires profundamente y de corazón; no solo por los resultados que tiene, sino por la calidad de ser humano que es (hay muchas personas con dinero en el mundo, desconectados de su corazón), y emula paso a paso lo que la llevó al resultado que deseas. Sus hábitos, creencias, visiones de vida, su forma de pensar y de relacionarse con otros. Si quieres ser una persona influyente en las vidas de otros, ¿de qué manera te gustaría influenciar? Hitler y Jesucristo influyeron en la vida de MILES de personas, y tenían muchos "seguidores". La pregunta es, ¿a quién eliges modelar? La vibración de la influencia puede venir desde el amor o desde el miedo. ¿Cuál eliges tú?

Modelar es un ejercicio interesante, ya que te ayuda a abrir tu campo de posibilidad: "si él o ella pudieron, existe la posibilidad de que yo también pueda". Mi recomendación es que elijas personas para modelar que se hayan construido desde cero y conozcan el proceso.

Si quieres aprender a ser seguro de ti mismo, elige un mentor que haya pasado de odiarse a aprender a amarse, y no una persona que fue criada por padres sanos que le enseñaron a amarse desde que nació. Si quieres aprender a tener libertad financiera, elige un modelo que haya pasado de no tener nada y estar en la quiebra a tenerlo todo, y no una persona que haya nacido con abundancia económica porque sus padres se la heredaron. Los procesos son importantes, y el camino de convertirse en algo que no tienes por *default*, en piloto automático, hace que modelar sea más esclarecedor.

Haz una lista de líderes/atletas/guías que te inspiren y aspires a modelar:

____

____

____

____

¿CÓMO TOMAR ACCIÓN CUANDO TIENES MIEDO/PEREZA/INCOMODIDAD?

Lamento decirte esto: tomar acciones diferentes a lo que siempre has estado acostumbrado va a sentirse muy incómodo. Se va a sentir raro, nuevo, desconocido, inusual, y tu mente te va a convencer de no hacerlo, porque es desconocido. Por eso, hay una actitud frente a la vida que te va a ayudar mucho a la hora de tomar nuevas acciones, incluso cuando se sienta incómodo, y esa actitud es ser arriesgado. Es decir, actuar porque tienes un compromiso firme, aunque tu razón te esté diciendo que no lo hagas. Créeme que lo último que tu razón te va a llevar a hacer es levantarte a las cinco de la mañana para ir al gimnasio. Desde tu razón, no lo vas a querer hacer, pero desde tu compromiso, sí.

Cuando actúas desde lo seguro, vas a moverte según lo que ya conoces, desde tu zona de confort, con caución y sin riesgo, desde lo predecible y desde tu mente analítica. Cuando actúas desde este espacio, vas a obtener resultados conocidos. ¡Y no hay nada de malo en ello! Pero estoy segura de que, si estás leyendo este libro, es porque quieres manifestar una realidad diferente a la que hasta ahora has vivido, y para obtener resultados distintos tienes que tomar acciones que nunca has tomado. Cuando actúas desde el riesgo, eres atrevido, innovador, espontáneo, valiente. Vienes desde la fe y la confianza. Es una actitud que requiere un estado de valentía constante, como la de un guerrero o un gladiador de la vida.

Bien sea que actúes desde tu razón o desde el riesgo y la valentía, igual la vas a embarrar, igual vas a fallar. Y yo no sé tú, pero yo, antes de morir, prefiero saber que me arriesgué y la cagué mil veces, pero por lo menos lo intenté.

DEMUÉSTRATE QUE ERES SUFICIENTE

¿Cuál es la mayor prueba de amor propio? ¿Cuál es el elemento que más construye tu autoestima? Ser tu palabra. Hacer lo que dijiste que ibas a hacer porque estás comprometido. Demostrarte a ti mismo que eres un ser que vive en integridad, que cumple sus propias promesas, es el elemento que más construirá tu autoestima y tu creencia en ti. No basta con repetirte frente al espejo afirmaciones hermosas y que te empoderen si no cumples tus promesas. Eso es como ser esa pareja que dice que te ama, pero luego te engaña. Evidentemente no confías en alguien así. Y si quieres confiar en ti, sentirte poderoso y creer que puedes, cumple tu palabra contigo y con los demás. No porque sea fácil o sientas que quieres hacerlo, sino porque estás comprometido con una visión.

Compromiso conmigo

Desde hoy
comprendo el maravilloso
poder de la acción inspirada.

Elijo actuar masivamente
desde la alineación con mi visión.

Actúo como un resultado de quien soy,
y por la confianza inquebrantable en mi potencial.

Me encargo de crear un sistema que me funcione
y seguirlo con excelencia por mi convicción y
compromiso.

Me comprometo a ser arriesgado en mis acciones,
a dar siempre lo mejor de mí,
y a elegir un mentor a quien modelar si tengo
dudas del camino por seguir.

Desde hoy, actúo resuelto,
porque ya es.

Porque ya soy.

Y hecho está.

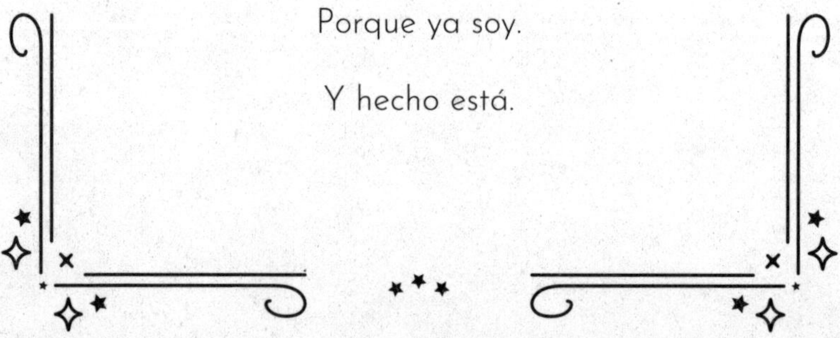

PASO 8

SALTO CUÁNTICO

ÁBRETE A UNA NUEVA POSIBILIDAD

La mejor forma de predecir el futuro es creándolo.
Joe Dispenza

Tengo una pregunta simple para ti. ¿Dónde está el futuro? Antes de que me respondas, piénsalo por un instante. ¿Dónde está el futuro? Pausa la lectura y piensa.

Ok, ¿ya lo pensaste? Cuando hago esta pregunta, la mayoría de mis estudiantes responden, "no existe", y si el futuro no existe, ¿por qué se da el tan llamado "miedo al futuro" o "preocupación por el futuro"? La conversación con ellos sobre este tema suele ser algo así:

—¿Dónde está ese miedo?

—En la mente...

—Ok, y ¿dónde está la mente?

—En la cabeza...

—O sea que si llamo a un doctor y le pido que te abra la cabeza con un bisturí, ¿encontraría ahí el miedo? No, ¿verdad?

Partamos de la base de que no sabes nada de lo que va a suceder en el futuro. NADA. Todo lo que sabes es porque lo estás creando en tu imaginación. Bien sea porque has vivido algo similar en el pasado, porque tienes evidencia de una situación que le ocurrió a alguien más, porque tu cerebro está intentando protegerte de algún peligro percibido, porque ya lo tienes planeado en tu calendario y crees que eso te garantiza algún resultado, o por cualquier otra razón al azar. Todo lo que crees que va a pasar está 100% en tu imaginación, porque no ha pasado y no existe en este momento. Tu imaginación es uno de los aspectos más importantes para la creación de tu realidad, porque es el principio base de la manifestación consciente: traer a la realidad algo que no existe todavía en el mundo de las formas y crear una posibilidad de la nada, sin evidencia alguna. Pero si existe en tu imaginación, puede existir en tu realidad. Cada vez que imaginas algo, estás abriendo una puertica en tu cabeza, diciéndole al universo: yo creo que esto es posible. Y si lo crees, lo creas.

La preocupación, por ejemplo, no es nada más que utilizar tu imaginación en contra tuya. Es tomar la ventana de infinitas posibilidades y usarla para crear el peor escenario posible, con resultados catastróficos. ¿Quién crea el miedo y la preocupación? ¿Crees que es algo que solo "te llega", o tú lo estás creando? ¿Te funciona preocuparte? ¿Notas que eres libre de elegir crear en tu imaginación cualquier experiencia que desees? Y, sabiendo esto, ¿por qué no elegir creer en el mejor escenario posible? ¿Por qué no elegir LA MEJOR de las posibilidades?

Cuando has vivido durante muchos años en una realidad específica, suele suceder que crees que el futuro está determinado por todo lo que YA pasó alguna vez, en el pasado. Y no te das la oportunidad de considerar que una realidad diferente existe, porque no tienes evidencia de ella y, por lo tanto, te parece imposible que suceda. Entonces, ¿en dónde crees que se está creando el futuro? Exacto: EN ESTE INSTANTE. Cualquier resultado futuro se está creando en este momento presente, y si todo tu presente está condicionado por tu realidad conocida y predecible, adivina qué vas a crear para tu futuro... Sí. Una recreación infinita de tu pasado. Por eso, muchas veces repetimos los mismos patrones en nuestras relaciones con personas diferentes, porque venimos del miedo de lo que nos ha sucedido antes —¿qué tal que me rompa el corazón? ¿Qué tal que me sea infiel? ¿Qué tal que me traicione en los negocios?—, sin darnos cuenta de que, en vez de protegernos, estamos activamente creando el mismo resultado una y otra vez.

Por ejemplo, puede que sepas que los millonarios existen, pero nunca has experimentado ser millonario por ti mismo. No has sentido qué representa y qué significa tener un millón de dólares en tu cuenta bancaria. No sabes qué se siente comprar sin preocuparse por el precio, ni viajar sin límites a donde quieras, ni tener una economía impecable. Por eso, puede que sepas que existe, pero no crees que puede ser posible para ti.

Además, la mente subconsciente entiende a través de experiencias, no solo de pensamientos. Tú puedes pensar y repetirte con frecuencia "Soy una persona *fit*", "Tengo un cuerpo tonificado y fuerte", "Tengo abdominales de acero", pero si siempre te sigues probando a ti mismo, una y otra vez, que prefieres elegir activamente solo comida chatarra, que nunca te ejercitas, que no eres disciplinado y que en realidad no te importa cuidarte, tu mente subconsciente va a entender: "Son solo palabras, pero en verdad no está comprometido con ser una persona *fit*".

En mi realidad, por ejemplo, una de las cosas que me fue más difícil creer, era que yo podía tener un grupo de amigos conscientes, porque todas las personas que me rodeaban mientras estaba atravesando mi proceso de despertar creían que estaba loca y no entendían nada de lo que hablaba, o aunque respetaran mis creencias, no estaban interesadas en el desarrollo personal y el despertar espiritual. Por lo tanto, la única realidad que experimentaba era sentirme sola y encontrarme con personas a las que no les interesaba trabajar en sí mismas, ni ver sus sombras, ni trabajar con un propósito más grande que sí mismas, sino solo salir de fiesta todos los días, acostarse con el mayor número de personas en una semana y hablar de ello durante todo el mes. La realidad que me permitía imaginar, era la que se presentaba ante mis ojos.

¿Por qué nos permitimos imaginar solo realidades tan limitadas? Por lo general, esto sucede porque vemos (y sentimos) que la realidad que deseamos es muy lejana a nosotros, que está separada de nosotros. De alguna manera, ponemos esta realidad en un pedestal, como si fuera algo que existe en nuestro exterior, que no está aquí y es inalcanzable. Como si tuviéramos que perseguirlo, en vez de atraerlo, en vez de ser nosotros quienes nos alineamos con la vibración de lo que deseamos y nos convertimos en un *match* para dicha vibración. Hemos decidido darles más poder a nuestras limitaciones y miedos que a nuestras posibilidades.

Cuando estaba en el proceso de manifestar mi grupo de amigos conscientes, algunas de las preguntas que se convirtieron en mi mantra día a día fueron, "¿Qué pasaría si fuera posible? ¿Quién sería yo si eso que deseo fuera real ahora?". Déjame repetirlo: ¿QUÉ PASARÍA SI FUERA POSIBLE? ¿Quién sería yo si eso que deseo fuera real ahora?

La mayoría de las veces que alguna experiencia nueva no llega a mi vida, es porque soy yo quien está practicando con frecuencia la vibración de "eso no se puede", "eso no soy yo", "eso es muy difícil en este país", "eso le pasa solo a la gente que nació en familias adineradas", o cualquier otra conversación que me limita y me lleva a demostrarme una y otra vez que no es posible. Y fue eso precisamente lo que me estaba sucediendo con la manifestación de mi nuevo grupo de amigos. La vibración que practicaba era, "Quiero personas a mi alrededor que me inspiren, que me motiven cada día, que estén comprometidas con su crecimiento personal, que quieran crear conexiones reales, honestas, crudas, vulnerables y profundas, para quienes meditar sea uno de sus planes favoritos y con quienes me sienta a salvo hablando de mis heridas emocionales", pero al mismo tiempo creía que en Colombia no había nadie así, que gente así solo existe en países desarrollados, que las personas en este país aún están muy dormidas y viven en un estado de supervivencia.

CONOCIDO VS. DESCONOCIDO

Para crear una nueva posibilidad en tu vida que no ha estado disponible y manifestar algo totalmente nuevo y diferente a lo que hasta ahora has vivido, te invito a sumergirte en las maravillosas aguas del mundo más aterrador para la mayoría de los seres humanos: lo desconocido.

Va a requerir un gran nivel de escucha y una buena dosis de valentía y desobediencia brincar de lo conocido a lo desconocido. También me gusta llamarle el estado de supervivencia vs. el estado de creación. El 99% de la humanidad (guardando la esperanza de que cada año ese porcentaje disminuya) vive en estado de supervivencia. Mi yo de hace algunos años, sin duda, hacía parte de ese grupo, pero con el tiempo fui entendiendo un poco más qué representa cada uno de estos dos estados, y te lo quiero compartir:

Lo conocido/Supervivencia:

- El miedo lidera tu vida. Eliges escucharlo a menudo y le permites tomar el mando de tu vida.
- Creas el futuro desde el pasado, desde lo que ya conoces, quedando atascado en la misma realidad de siempre.
- Quieres controlarlo todo, esperas predecir todos y cada uno de los resultados que obtienes.
- Haces lo que "tienes que hacer", según la norma general.
- Permaneces en tu zona de confort para mantenerte "a salvo".

Lo desconocido/Creación:

- El amor lidera tu vida. Aunque ves que el miedo te acompaña con frecuencia, eliges sentarlo en el asiento del copiloto y dejas que el amor sea el conductor de tu vida.
- Te entregas con confianza hacia lo desconocido y empiezas a encontrar un gusto por "no saber" qué va a pasar, porque confías en que todo saldrá de la mejor manera.
- Has desarrollado un gusto por la incomodidad, que requiere confiar en lo que sabes que es correcto para ti.
- Tomas acciones desde el riesgo y la valentía, porque entiendes que fuera de tu zona de confort se encuentra tu grandeza.

Uno de los mayores beneficios de usar tu imaginación, es que puedes crear cosas que no siempre existen en la realidad. Hagamos este ejercicio: imagina un elefante de color azul, con un cuerno rosado, cola de serpiente cascabel y alas rosadas. ¿Pudiste imaginarlo? Probablemente sí. ¿Ese animal existe en la realidad? No que yo sepa. Tu cerebro tiene la capacidad de crear lo que sea que le ordenes. Si le ordenas crear desde lo que ya conoce, no estarás usando el máximo potencial de tu imaginación. ¿Qué tal si te das el permiso de crear una realidad nueva e "imposible"?

FÍSICA CUÁNTICA VS. FÍSICA CLÁSICA

Para que puedas comprender en profundidad cómo pasar de manifestar desde lo conocido hacia lo desconocido, desde la supervivencia hacia la creación, es útil que entiendas qué es un salto cuántico. Este concepto cambió para siempre mi vida, y sé que tiene el potencial de hacerlo con la tuya también. Y para comprenderlo a fondo, es importante distinguir la diferencia entre la física clásica y la física cuántica.

En la física clásica, todo tiene un comportamiento predecible y puede ser concebido por una fórmula fija. Si lanzamos una piedra al agua, por ejemplo, según la velocidad y el peso de la piedra y la densidad del agua, podríamos predecir las ondas que se generarán en el agua. El comportamiento de la materia en la física clásica es predecible, y, por lo tanto, ha sido considerada la ciencia "correcta", debido a que es comprobable con exactitud. En la medición clásica, los átomos están compuestos por órbitas definidas y fijas, en las cuales los electrones se mueven.

La física clásica ha sido muy útil para la humanidad para hacer que los edificios se mantengan en pie, los puentes sostengan los carros, los aviones vuelen, y demás.

Por el contrario, en la física cuántica, las cosas no están limitadas a una sola locación o a un solo camino. Es como si estuvieran en más de un solo lugar al mismo tiempo. Una de las características principales de la mecánica cuántica es que opera a niveles subatómicos, es decir, que son leyes que gobiernan en escalas pequeñas, como los átomos, y aunque no lo notemos a simple vista, la física cuántica se

EL ÁTOMO CLÁSICO	EL ÁTOMO CUÁNTICO
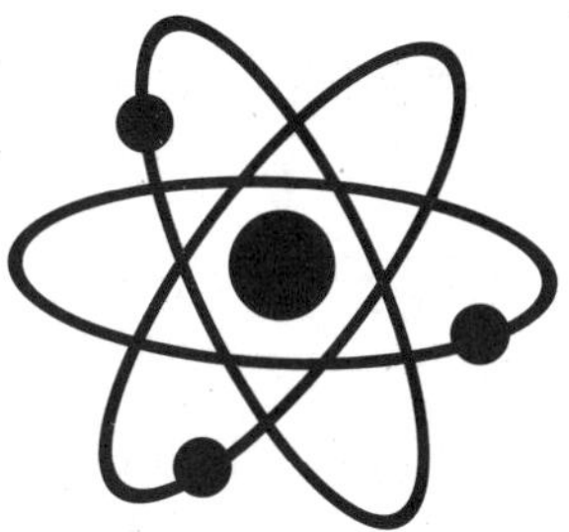	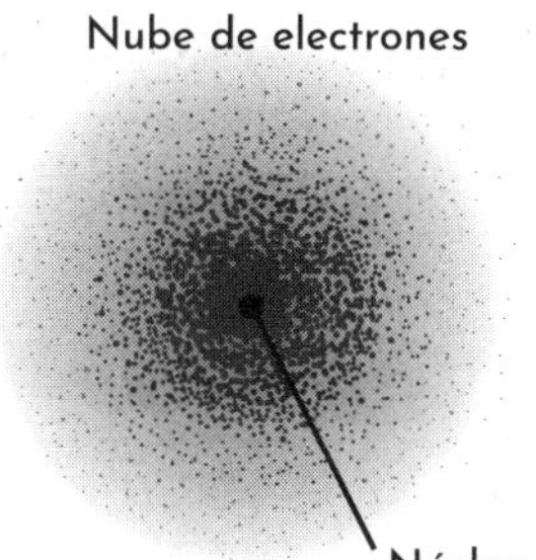
Posibilidades limitadas y movimiento predecible de los electrones	Infinitas posibilidades y movimiento impredecible de los electrones

encuentra en todas partes, pues toda la materia (incluidos los seres humanos) está compuesta de átomos.

Un salto cuántico sucede cuando un átomo se calienta y el electrón salta de una órbita a la otra, sin ningún tipo de comportamiento predecible, desapareciendo y apareciendo en otro lugar. No se mueve en el tiempo y el espacio dentro de la misma órbita, sino que desaparece y aparece en otra órbita, "de la nada". Es como si yo quisiera moverme de mi cuarto al baño y, en vez de abrir la puerta del cuarto y caminar paso a paso hasta llegar al baño, simplemente desapareciera del cuarto y apareciera en el baño.

Aún hay muchas cuestiones sin descifrar en el mundo de la física cuántica, tanto así que durante muchos años fue considerada filosofía, en vez de ciencia. Los científicos aún la siguen estudiando hoy en día, y han realizado estudios que demuestran su veracidad. Si los átomos y las partículas pueden estar aquí y allá, en un estado constante de incertidumbre, ¿por qué nosotros siempre estamos en un estado sólido, estático, fijo, predecible y definitivo? ¿Qué tal que existan infinitas posibilidades para nosotros, de las que ni siquiera somos conscientes, así como en la física cuántica?

Ahora bien, ¿a qué voy con todo esto y por qué me doy el permiso de aburrirte con un montón de ciencia? No sé si te ha pasado, pero las veces que he querido transformar alguna realidad en mi vida, los cambios siempre ocurren de manera progresiva y, por lo general, lenta (si es que de hecho algo cambia). Esto ocurre porque nuestro modelo de comportamiento está asociado a la física clásica; es decir, a movernos en lo conocido a través del tiempo y el espacio.

Un salto cuántico es un cambio radical e inmediato, que no requiere los procedimientos conocidos para la transformación. Es un salto de expansión y crecimiento, en comparación con lo que siempre has vivido. Puedes tener un salto cuántico consciente o inconscientemente, intencional o no. Uno de los saltos cuánticos que más admiro es el de Wim Hof, un instructor de respiración en frío, al que llaman "el hombre de hielo", conocido por soportar temperaturas extremas de frío por períodos prolongados. Ha obtenido varios récords Guinness, algunos de ellos por estar sumergido en hielo durante una hora y veintidós minutos y subir el Everest en calzoncillos. También logró volverse inmune a la bacteria E. coli solo con el poder de la respiración. Antes de convertirse en la eminencia que es, era un hombre común y corriente al que, de un día para otro, la vida le cambió. Su esposa se suicidó, se quedó como padre soltero y tuvo una depresión que estuvo a punto de matarlo. Después de este momento de quiebre en su vida, Wim Hof dio un salto cuántico y empezó a experimentar con la respiración como herramienta de conexión con lo divino, lo que le permite quedarse en situaciones extremas de frío sin sufrir ninguna repercusión mayor. Esto lo convirtió en uno de los pocos "superhumanos" vivos en este momento.

La buena noticia es que no tenemos que esperar a que un acontecimiento traumático suceda en nuestra vida para poder dar un salto cuántico a una realidad maravillosa e inimaginada, sino que podemos hacerlo como una decisión consciente.

¿Cómo dar un salto cuántico?

En el libro *Reality Transurfing* de Vadim Zeland se explica que, según la física cuántica, existen infinitas posibilidades de realidades que están sucediendo en este mismo instante; es decir que TODAS las posibilidades están disponibles aquí y ahora, ¡y además son infinitas!

La primera vez que escuché esto, creí que era otra de esas teorías místicas y conspirativas que nos llevan a pensar que hay más versiones de nosotros mismos en otra dimensión, viviendo en este mismo instante diferentes posibilidades de nuestra propia vida. Y aunque no podemos comprobar si esto es así o no, yo elegí verlo de una manera más fácil y útil.

Imagina que eres un ser sin nombre, sin personalidad, sin creencias, pensamientos, etiquetas, pasado ni emociones;

que eres un ente en blanco, flotando en medio de la nada, y a tu alrededor, en la realidad cuántica, se encuentran todas y cada una de las posibilidades de quien podrías potencialmente ser, hacer y tener. Estas posibilidades se encuentran en forma de "vestidos energéticos". Entonces, desde tu ente sin nombre ni personalidad, puedes elegir ponerte el vestido energético de ganar diez mil dólares al mes, o el de tener una relación tóxica, por ejemplo, y luego puedes quitarte ese vestido y ponerte el de estar en bancarrota o el de tener una relación hermosa. Cuando te pones cualquier vestido energético, el resto de las posibilidades no dejan de existir, sino que siguen flotando a tu alrededor, en el campo cuántico, y están disponibles aquí y ahora. Lo que define la realidad que experimentas es el vestido energético que te pones, es decir, la posibilidad a la que te abres.

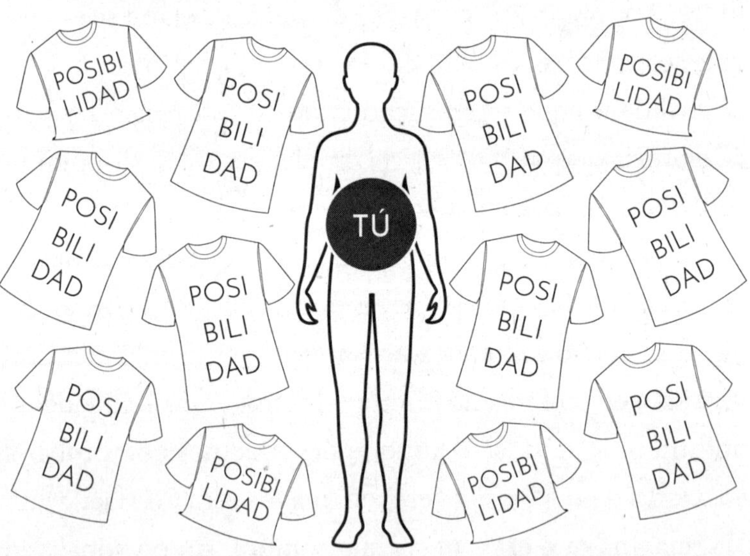

Entonces, podríamos decir que, en este mismo instante, hay una versión de ti disponible y "flotando a tu alrededor", que es multimillonaria, líder, dueña de propiedades por todo el mundo, con aviones propios y chefs privados, con una familia unida y amorosa, por ejemplo. También existe la versión de ti que vive en la calle porque cayó en las drogas, que no tiene casa ni familia, y que tiene alguna enfermedad mental. Lo que pasa muchas veces, es que nos apegamos tanto al vestido energético de nuestra realidad presente que olvidamos que existen infinitas posibilidades, y nos sesgamos a ver solo lo que hemos estado acostumbrados a vivir.

Espacio de consciencia

Para ejercitar tu músculo creativo y abrirte a las diferentes posibilidades que flotan a tu alrededor, te invito a escribir cinco posibilidades de profesiones que podrías haber ejercido si no te dedicaras a lo que haces en este momento. La idea es elegir profesiones que te gusten y te den curiosidad, pero que sean MUY alejadas de lo que haces en este presente. En frente de cada una de ellas, describe un poco cómo es tu vida viviendo en esa realidad. Sé descriptivo, escribe detalles importantes de cómo vives tus días, en dónde, con qué tipo de personas te relacionas, entre otros. Deja a tu imaginación volar. **Ejemplo: Neurocientífica. Estoy** haciendo una investigación sobre la influencia de la meditación en las ondas cerebrales, el sistema nervioso y el ADN. Junto con mi equipo de profesores de meditación, estamos tomando muestras cerebrales de nuestros estudiantes para encontrar el método de meditación más efectivo.

1. ____________________

____

____

2. ____________________

____

____

3. ____________________

____

____

4. ____________________

____

____

5. ____________________

____

____

Una vez termines de escribir, permítete tomar una acción irrazonable que te acerque hacia una o dos de esas posibilidades. Es decir, una acción que vaya más allá de tu razón, de lo que conoces y que sabes que es posible para ti; una acción que normalmente no tomarías. Por ejemplo, en el caso de ser neurocientífica, yo me inscribí al evento avanzado de neurociencia del doctor Joe Dispenza.

¿Qué acción te acercaría hacia esta nueva posibilidad?

____

____

____

Para dar un salto cuántico, necesitas tomar una acción irrazonable, que no viene desde la razón, sino desde una nueva identidad, desde algo que tu "yo de siempre" no haría, desde un espacio de completa incertidumbre, que lógicamente tal vez no tenga tanto sentido, porque no lo puedes explicar, pero lo haces bajo un compromiso inquebrantable hacia esta nueva posibilidad. Al contrario de lo que siempre has escuchado, ser irrazonable es una postura que en el mundo de la manifestación funciona bastante bien. Para que te quede más claro por qué, acá te dejo algunas características de lo razonable y lo irrazonable.

Razonable:	**Irrazonable:**
conocido, comprobable, cauteloso, sin riesgo, zona de confort, predecible, "realista", con límites, ya existe, desde el análisis, cauto, cuidadoso, defensivo, pasivo.	desconocido, atrevido, innovador, fe, riesgo, incertidumbre, confianza, espontáneo, imaginación, intangible, posibilidades imposibles, novedoso, libertad, intangible, creativo, "no existe" oportunidad, fuente creadora, valiente, poderoso, apasionado.

Ahora, piensa en un momento en el que hayas actuado de manera irrazonable en tu vida, donde no sabías si las cosas iban a resultar bien o mal, pero simplemente te lanzaste a hacerlo por tu compromiso hacia una nueva posibilidad, con fe y confianza. Por ejemplo, recuerdo mucho un momento en mi vida en el que entregué el apartamento en donde vivía y me fui a vivir con mi mamá por tres meses. Tomé la renta de esos tres meses y la invertí en mi terapeuta. Era todo el dinero que tenía en mi cuenta bancaria, y me dije, "si no logro rehacer mi capital en estos tres meses, me voy a dormir a la calle". Tres meses después recuperé seis veces el dinero que había invertido y estaba en un espacio emocional mucho más estable. ¿Tenía la certeza de que iba a funcionar? No. ¿Tenía mi compromiso total para hacerlo funcionar? Sí. ¿Fue irrazonable? Sí, y la mayoría de las personas (incluida mi mamá) pensaron que era un riesgo muy grande, pero, aun así, lo hice y fue maravilloso. Eso es dar un salto cuántico, o como algunas personas lo llaman, "salto de fe".

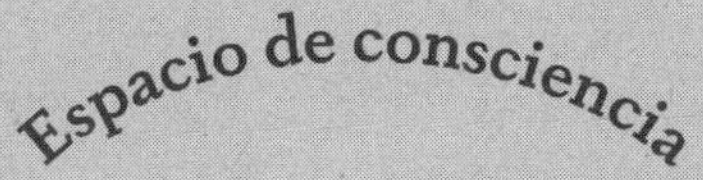

Yo del pasado vs. yo del presente

¿Cuáles son esos futuros que aún pones en un pedestal y ves muy lejanos? Escríbelos aquí. **Ejemplo: Tener mi propia empresa, ser una mujer estable emocionalmente, tener una pareja estable.**

¿Quién serías si ese futuro ya estuviera manifestado en el presente? Te invito a que en la página de la izquierda dibujes la versión de ti que eres en este momento. A esa versión le llamaremos "yo del pasado". En la página derecha vas a dibujar la versión de ti que eres, una vez tu futuro ya esté manifestado; a esa versión le llamaremos "yo del presente". Alrededor de cada uno de estos dibujos vas a escribir todas las características de cada una de tus versiones y su realidad actual.

Yo del pasado

Aún me importa lo que digan de mí. Aún siento la necesidad de complacer y dejo que mi validación sea externa.

No tengo la seguridad suficiente.

The Vortex Way:

YouTube

· Crecimiento exponencial

· 1 video a la semana

· No profit - 9500 subs

Instagram

· Inconsistencia en posts

· 1950 seguidores

· No planeando en avance inteligente

Estrés familiar

Me dejo llevar mucho por mi

Me dejo influenciar por sus estados de ánimo

Inconsistencia financiera $

Mamá me apoya pero no ingresos consistentes

++ restaurantes

Tiempo de calidad en pareja ♡

Rituales

Arte

Planes

Crecimiento

Alimentación inconstante +/-

Azúcar y gluten por temporadas

¡Procrastinación!

Muchas excusas para perder el tiempo.

Ejercicio constante pero sin metas

¿Perder grasa?

¿Crecer músculo?

Trabajando en mi amor propio

Leo y medito constantemente

¡Menos ansiedad!

Yo del futuro

Amor y compasión por mi familia
· No siento la necesidad de salvar o "arreglar" a nadie.
· Me alejo de la energía negativa sin involucrarme

Self-confidence
· Me siento suficiente
· Encuentro la validación que deseo solo dentro de mí.
· Mi complacencia ha desaparecido

¡La mejor relación!
· Crecimiento
· Mucho arte
· Rituales
· Happy place
· ¡Viajes!

The Vortex Way
YouTube
Lifestyle content
+ contenido al mes
+ visuales hermosos
Varias collabs con youtubers
· Ganando dinero
· + de 50.000 subs
Instagram
· Posteando seguido
· Hermoso team y curaduría.

Vivo sola
Apto minimalista

Mi tiempo sagrado
· 80/20 solo le doy tiempo a actividades que me construyan y me ayuden a crecer

Alimentación consciente
· No sugar, no gluten
· Meal preapping
· 100% vegan
· 1 "cheat meal" semanal

Leo y medito constantemente

No ansiedad

Abundancia y $
· Consciencia financiera
· 6 jars method
· Estabilidad económica

Todo el ♡ propio
· Soy mi mejor cheerleader
· Soy compasiva y positiva con respecto a mí misma
· Rituales de amor propio

Ejercicio constante y consciente
· Lean & toned
· ¡Abs! "El cuerpo de mis sueños"

¡Ahora es tu turno!

Dibuja tu versión del pasado con tu versión del presente en frente. Permítete abrirte a todas las posibilidades que elijas.

Yo del pasado

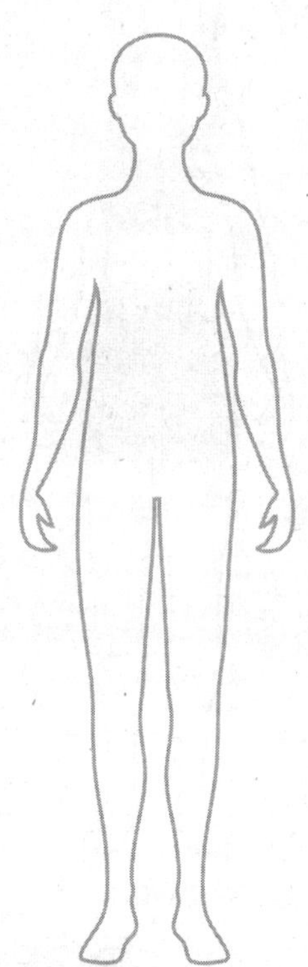

Yo del futuro

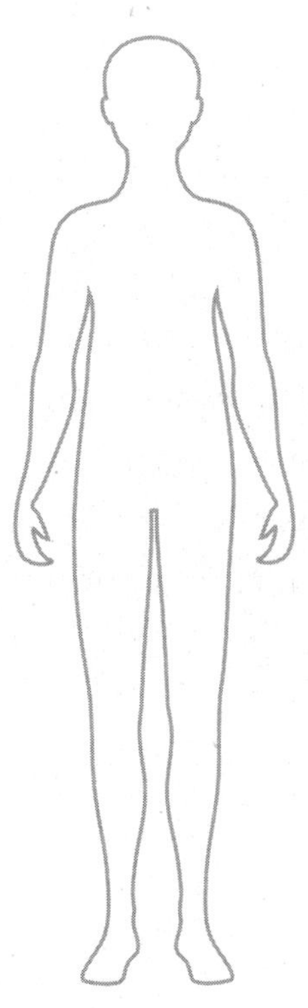

¿Cuáles acciones irrazonables te llevarían a convertirte en la persona que ya tiene su nueva posibilidad disponible, aquí y ahora? **Ejemplo: Invertir en el curso de inteligencia financiera, mudarme por completo del país y crear una nueva identidad con un nuevo nombre.**

____

____

____

____

Una vez lo tengas definido, ¡hazlo! Toma la acción y salta, con el miedo en una mano y la fe en la otra. Si necesitas contarle a algún amigo para que sea tu compañero de rendición de cuentas, puedes hacerlo; pero por experiencia propia, te digo que no hay nada más rico que tomar el riesgo solo, porque así lo decides y te pruebas que eres una persona poderosa, que confía en la vida, pero sobre todo, en ti mismo.

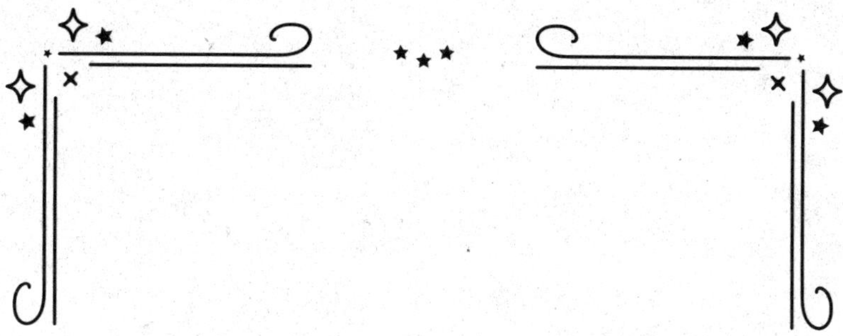

Compromiso conmigo

Desde hoy
comprendo que mis posibilidades son infinitas,
y es mi responsabilidad abrirme a ellas, o no.

Me comprometo a usar mi imaginación a mi favor,
para crear futuros que parecen imposibles
y, desde una acción irrazonable,
me lanzo con fe, riesgo y confianza
hacia lo desconocido,
actuando desde lo impredecible,
con un compromiso inquebrantable
hacia mi nueva posibilidad.

Hoy estoy listo para dar un salto cuántico.

PASO 9

DESAPEGO Y PRESENCIA

VUELVE AQUÍ Y AHORA

Te tengo una buena y una mala noticia. La mala es que vas a olvidar todo lo que acabas de leer en este libro; la buena es que cada día tienes una nueva oportunidad para rediseñarte y volver a elegir lo que quieres crear. Yo llevo más de cinco años en este camino, y siempre que creo que "ya lo entendí", me doy cuenta de que no he entendido nada, que la vida no es acerca de "entenderla" o "saberla", sino de experimentarla en un 200% y no quedarse con ningún arrepentimiento. Como te habrás dado cuenta, el camino de despertar espiritual y de manifestación es siempre hacia adentro. Y entre más te adentras en ti y te haces responsable de todo lo que vas encontrando en tu vida, descubres que cada vez hay más por recorrer, porque es un camino que no termina, y ahí reside su magia: no en la meta a la que llegas, sino en la consciencia con la que lo caminas; en disfrutar cada paso y en darte cuenta de que te lo puedes hacer más fácil y placentero de lo que siempre te permitiste creer.

Uno de los compromisos conmigo que creé desde hace algún tiempo es dar un 100% de mí todos los días y sacarle el jugo a la vida al máximo; es irme a dormir cada noche satisfecha, haya pasado lo que haya pasado, bueno o malo, triste o feliz, cansada o con energía, pero con la certeza de que estoy viva, y mientras no esté en un ataúd y no me hayan cubierto con tierra, todo ha valido la pena, todo me lo he disfrutado y me lo seguiré gozando hasta el último día. En este capítulo te voy a compartir algunas de las claves que practico a diario, que me mantienen anclada en el presente y en un enfoque en el que comprendo que no necesito nada para ser feliz, no necesito sanar nada, mejorar nada, arreglar nada, ni llegar a ningún lado en el futuro. Solo debo abrirme a abrazarlo todo aquí y ahora, como parte de este juego de la vida; aprender de cada paso y usarlo a mi favor, para mi mayor bienestar y el de todos los seres.

0-0 EL MARCADOR CADA DÍA

Hay una filosofía de vida que he aplicado durante los últimos años, que me ha transformado profundamente. En los 12 pasos de Alcohólicos Anónimos le llaman el "solo por hoy" o "un día a la vez". A mí me gusta llamarle "0-0 el marcador cada día". Esta filosofía consiste en despertarte cada nuevo día con la consciencia de que el pasado no existe y el futuro es incierto (pero entendiendo que lo estamos creando desde este presente, desde quien estamos siendo con nuestra vibración, energía y enfoque), y que lo único que tenemos aquí y ahora es una nueva oportunidad, una nueva posibilidad, un nuevo momento. Y podemos vivirlo como si estuviéramos vacíos, en ceros, sin puntaje acumulado del día anterior y sin ventaja para el día que viene. Lo que puedes hacer, por ejemplo, es jugar cada mañana a que no recuerdas nada, ni tu nombre, ni tu personalidad, ni tus miedos, logros, fracasos, edad o religión. Y, al despertar, puedes hacerte unas sencillas preguntas: ¿quién elijo ser hoy? ¿Qué está disponible para mí? ¿A qué me comprometo hoy? Y, solo por diversión, puedes elegir convertirte en el personaje más admirable que puedes ser, en el más íntegro, honesto, poderoso, soberano, capaz, visionario y honorable del mundo.

Uno de los mayores impedimentos que veo en mis clientes —y en mí misma— a la hora de manifestar, es el apego a las experiencias del pasado, a creer que el futuro se define por quien he sido y lo que he vivido. Desde ahí se cierran todas las posibilidades para reinventarme en un ser que tiene resultados diferentes a los que siempre ha tenido, y vemos la realidad como siempre la hemos visto, con las ideas y preconcepciones que tenemos con respecto a ella. Vemos a nuestra familia desde los lentes de juicio, a nuestra pareja desde nuestras expectativas, a nuestro cuerpo desde nuestras programaciones de lo que es bello o no, en vez de permitirnos tener una mirada de principiantes, de niños recién nacidos que experimentan la dicha de la vida por primera vez y se dejan sorprender y entrenar, y asumen cada experiencia como una bendición o una lección divina de la cual podemos aprender.

Hay una práctica que realizan algunos monjes católicos, como los Hermanos Contemplativos del Carmelo, en la que cada noche, antes de irse a dormir, se imaginan que están yendo a su lecho de muerte, emulando la crucifixión de Cristo, y agradecen por el día que pasó y por la vida que tuvieron. Al siguiente día, al amanecer, viven la resurrección, agradeciendo la nueva oportunidad de vida después de la muerte. No tienes que creer en ninguna religión específica para ver el valor extraordinario que esta práctica puede traer a tu vida, ya que es literalmente vivir cada día como si fuera el último, y el primero.

LA GRATITUD ES LA MEJOR ACTITUD

Sé que es probable que hayas leído cientos de *posts* en Instagram, revistas y libros acerca de lo maravilloso que es agradecer, pero hoy vamos a ahondar en el poder de la gratitud desde la mirada de la ley de la atracción. Si has comprendido que todas tus manifestaciones vienen desde quien estás siendo en este momento presente y que no hay nada por manifestar en el futuro, porque toda manifestación está ocurriendo aquí y ahora, desde tu punto de atracción, entonces, cuando te permites entrar en un estado de gratitud con todo aquello que ya es, estás emanando un estado vibracional de apertura y felicidad. Cuando agradeces por algo que ya tienes, le estás diciendo al universo, "mándame más de eso". ¡Imagínate la cantidad de abundancia económica que podría llegar a tu vida si agradeces cada centavo que llega a tu vida! O la cantidad de relaciones hermosas que podrías crear si agradeces cada acto amoroso que alguien ha tenido hacia ti, o la cantidad de inspiración y amor propio que podrías manifestar si te enaltecieras por cada logro que tienes en tu vida, por más mínimo que sea.

Además, la gratitud es el atajo para elevar tu vibración en tiempo récord. ¿Por qué? Es muy sencillo. Siempre tienes algo por lo cual agradecer, SIEMPRE. Así sea desde lo más sencillo, como "gracias por poder respirar y sentir la vida fluir a través de mi cuerpo", hasta lo más elaborado, como "gracias por tener una familia abundante, sana y feliz". Y cuando sientes gratitud, no puedes sentir rabia o malestar. Es así de simple: la gratitud y una emoción de baja vibración no pueden habitar dentro de tu cuerpo al mismo tiempo. Así que, si en algún momento te cachas a ti mismo estando en un estado vibracional bajo, trae a tu mente algo por lo cual te sientas agradecido.

Espacio de consciencia

En este espacio vas a permitirte escribir diez cosas por las que te sientas agradecido hoy. Date el permiso de realmente sentir la gratitud en tu corazón, aunque parezcan las cosas más sencillas del mundo.

1. ______________________________

2. ______________________________

3. ______________________________

4. ______________________________

5. ______________________________

6. ______________________________

7. ______________________________

8. ______________________________

9. ______________________________

10. ______________________________

Ahora, vas a agradecer diez situaciones/personas/circunstancias en tu vida que, hasta ahora, has creído que son negativas y te han hecho daño. Elige situaciones por las que no te sientes cómodo agradeciendo, que te generan resistencia, y hacerlo se siente contraintuitivo; permítete entregar tu corazón en honestidad hacia el aprendizaje o regalo que esas situaciones te dejaron.

1. ____________________

2. ____________________

3. ____________________

4. ____________________

5. ____________________

6. ____________________

7. ____________________

8. ____________________

9. ____________________

10. ____________________

Ahora, vamos a practicar uno de mis métodos favoritos, AGRADECER DE ANTEMANO. Es muy sencillo: vas a escribir tres cosas que desde ya agradeces, aunque no se hayan manifestado en la realidad todavía. Asegúrate de describir quién eres tú y qué estás viviendo en tiempo presente. **Ejemplo: Agradezco porque mi libro es un *best seller*, soy una escritora que ha tocado, movido e inspirado la vida de millones de personas a través de sus palabras.** (Yo practiqué este método durante un año antes de que mi libro se publicara).

1. ____________________

2. ____________________

3. ____________________

EL PODER DEL SILENCIO

Cuando tienes una crítica para alguien y por cualquier razón no puedes comunicarla en voz alta, ¿a quién le pertenece esa crítica? Exacto, a ti. Del mismo modo, cuando tienes una palabra amorosa para alguien y, por cualquier razón, no puedes comunicarla, ¿a quién le pertenece ese amor? Correcto, a ti. ¿Cómo vivirías tu vida si no pudieras comunicar nada de lo que pasa por tu mente y tuvieras que vivir en silencio, observando todo lo que piensas?

La magia de guardar silencio es que te permite reconocer que todo lo que llevas dentro, en tus conversaciones, ES TUYO, y te ayuda a tomar responsabilidad por todo lo que piensas. Así entiendes que, si piensas con miedo, te haces daño solo a ti, y si piensas con amor, te cuidas a ti. Cuando guardas silencio, dejas de necesitar que el mundo te complazca, sueltas el control y te entregas a la certeza de que todo lo que estás buscando ya existe dentro de ti, aquí y ahora.

Ahora bien, esto suena muy fácil y bonito, pero ponerlo en práctica es otra cosa. La primera palabra que se me vino a la mente cuando comencé a guardar silencio durante tiempos prolongados fue DESESPERANTE. Vivir dentro de tu cabeza sin nada con qué distraerte puede ser bastante abrumador, pero entre más lo practicas, más fácil se va volviendo.

Una de mis técnicas favoritas para conectar con el momento presente son los días de silencio. Cuando no tienes información externa, estás desinformado, pero cuando tienes demasiada, estás programado. Por eso es importante alejar por un tiempo a tu cerebro de esta programación y sobreestimulación constantes y pasar tiempo contigo, para poder observarte, ver qué piensas, cómo te sientes y en dónde estás física y emocionalmente en el presente.

Día de silencio

1. Vamos a elegir un día en el que no tengamos que trabajar, que sea un día especial solo para tu día de silencio.
2. Vamos a apagar y desconectar todos los aparatos electrónicos, televisor, computador, teléfono fijo, móvil, todo.
3. Vamos a silenciar cualquier tipo de música, sonido, etcétera.
4. Nos enfocaremos en estar en silencio y en reposo; nada de juegos de mesa ni actividades de distracción.
5. Haremos solo lo necesario para la supervivencia, comidas pequeñas y actividades domésticas, solo si es necesario.
6. Si vives con alguien, recuerda no controlar ni dirigir a nadie. Permítete que aflore en libertad el deseo de estar juntos o de aislarse. Si vives con más personas, tienes varias opciones:
   - Compartirles la idea detrás del día de silencio, invitarlos y coordinar el día para que lo hagan contigo.
   - Contarles lo que vas a hacer y pedirles que ese día no te hablen, a menos que sea estrictamente necesario; que utilicen audífonos para hablar por teléfono y escuchar música y que no prendan el televisor en áreas comunes.
7. Intenta que durante el día predomine el lenguaje no verbal: más afecto físico, menos palabras, más ternura y más amor propio.

¿Qué podemos hacer en este día?

- Meditar con los ojos abiertos.
- Meditar con los ojos cerrados.
- Hacer yoga o ejercicio sin música ni videos.
- Explorar la danza o el movimiento intuitivo.
- Abrazar.
- Pasar tiempo en la naturaleza.
- Leer libros físicos (no digitales).
- Pintar o dibujar.
- Escribir pensamientos, sentimientos o ideas.

Cuando te sientas abrumado, confundido, o con la mente nublada, date la oportunidad de practicar los días de silencio, y vas a ver cómo puedes crear espacio en tu mente y elevar tu vibración.

FE Y LA LEY DE LA ASUNCIÓN

Lo que parece ser, es, para aquellos a quienes parece ser.

William Blake

Siempre tienes fe en algo. En el miedo o en el amor, en la posibilidad de que todo salga bien o salga mal, en el cáncer o en el poder del cuerpo para sanarse, en quien siempre has sido o en quién puedes convertirte. La fe es tener la completa certeza de algo, así no tengas evidencias de ello. Por eso, puedes tener fe en que todo va a salir mal o en que todo va a salir mejor de lo que esperas. En cualquiera de los casos, es tu elección, porque eres libre de elegir, y en ninguno de los casos tienes evidencia de lo que va a pasar. Muchas veces escucho a mis clientes decir, "es que no sé cómo tener fe", pero lo que no han practicado es redireccionar su fe hacia el amor. Porque siempre tienes fe en algo.

La fe es un elemento clave para manifestar con la ley de la atracción, porque es el elemento que determina tu creencia y, por lo tanto, tu poder de creación. Crear la certeza de que puedes manifestar lo imposible, la verdad, es una práctica para héroes y heroínas. Para personas decididas a vivir en grandeza y en excelencia. Es saber que tu poder interior es más grande que las circunstancias. Y para esto, necesitas fe.

Energéticamente, lo que sucede cuando tienes fe es que te preparas para recibir. Como si ya supieras que lo que quieres está llegando, o como si ya estuviera aquí. ¿Cuál es el estado emocional al que entras cuando tienes fe? Confianza, rendición, apertura y certeza. Tener fe es tener certeza, y quienes tienen certeza no tienen afán. Cuando no tienes la menor duda, puedes disfrutar del proceso, así no veas los resultados ya, porque SABES, en tu corazón, que en el plano cósmico hay una gran fuente de amor que está moviendo sus fichas para apoyarte en tu proceso de crecimiento y ayudarte a manifestar tus sueños en la materia.

Del autor Neville Goddard aprendí una teoría llamada *la ley de la asunción*[4], que, a mi parecer, enmarca lo que he-

4 100kwat, "Neville Goddard Law Of Assumption". Disponible en: https://www.youtube.com/watch?v=huUnwA2SVoo

mos aprendido a lo largo de este libro y todo lo relacionado con la fe. Y consiste básicamente en que, si asumes que algo ya es verdad, entonces será verdad. Asumir que todo lo que deseas ya está manifestado aquí y ahora.

Para comenzar a usar la ley de la asunción, debes cambiar tu enfoque de estar buscando algo que no tienes y abrirte a recibir algo que ya es. No te preocupes por buscar lo que quieres, sino que asume con certeza que ya es tuyo.

La mayoría de las personas creen que van a ser felices y completas cuando hayan cumplido sus sueños y aspiraciones. Pero la ley de la asunción se enfoca en que, si pensamos, sentimos y actuamos como si nuestros deseos ya se hubiesen manifestado, entonces así será. Y una vez asumes que lo que deseas ya es verdad, debes sostener esa energía en cada instante de tu vida. Por eso, uno de mis métodos favoritos es el de AGRADECER DE ANTEMANO, que practicamos en uno de los apartados anteriores, ya que nos ayuda a llegar a un estado de asunción.

¿Cómo crear un tablero de visión?

Uno de mis métodos favoritos del mundo entero es el tablero de visión, también llamado mapa de sueños o *vision board*. Este nos ayuda a conectar con la certeza de que lo que deseamos, ya lo estamos viviendo. Es uno de los métodos con los que la ley de la asunción se complementa perfectamente, porque es como si ya estuviéramos dentro de la manifestación, y cuando le damos tanta claridad a nuestro cerebro, es muy fácil para el universo traernos un *match* de aquello que visualizamos.

Hay diferentes maneras de hacer un tablero de los sueños; puede ser físico, en video o digital. Podría describirte aquí el proceso para hacerlo, pero mejor te voy a dejar tres videos que te explican a la perfección cómo hacerlo, desde los pasos energéticos que necesitas para manifestar hasta cómo crearlo. Puedes elegir el que mejor te funcione a ti:

- *Tablero de visión físico*: Este tablero de los sueños es el tradicional, en el que recortas o imprimes imágenes y las pegas en un tablero físico, que puedes poner en frente de tu cama para verlo todos los días.

- *Tablero de visión en video*: Este tablero también es llamado tu película mental o *mind movie,* en donde haces un video en movimiento con imágenes, videos, música y afirmaciones, creando una experiencia mucho más inmersiva que conecta con tus emociones. Este tablero es mi favorito, y el que más uso.

- *Tablero de visión digital*: Este tablero está diseñado para que lo pongas como fondo de pantalla en tus aparatos electrónicos, y cada vez que los uses o los desbloquees, puedas tener un recordatorio visual de tus manifestaciones actuales.

¿CÓMO DESAPEGARTE DEL RESULTADO?

Uno de los comentarios que más recibo de mis clientes y de las personas de mi audiencia es que, al empezar a utilizar la ley de la atracción, con los procesos que les he compartido, empiezan a tener cambios trascendentales y saltos cuánticos en muchas áreas de su vida, pero, en los aspectos que son más importantes para ellos, se sienten estancados y nada cambia.

Déjame hacerte una pregunta nuevamente: ¿para qué quieres lo que quieres? ¿Por qué deseas lo que deseas? Piénsalo un momento y deja que la respuesta llegue a ti. Para qué quiero la casa, la familia o el trabajo... La mayoría de las veces la respuesta es, "para SENTIRME más feliz", "para sentirme más estable". Para sentirte de alguna manera concreta, para sentir algo. Ahora, déjame preguntarte: si ya sientes la emoción que crees que esa manifestación te va a traer, aquí y ahora, ¿para qué necesitas la manifestación física? La respuesta es que NO LA NECESITAS. Ese es un paradigma erróneo que ha creado tu mente en asociación con tu ego, que necesitas X o Y para ser feliz. Y entonces la vida se vuelve una búsqueda eterna e inaccesible para llegar a un punto que nunca vas a alcanzar, porque cuando llegas a él, empiezas a desear algo más que aún no tienes y, al no tenerlo, no puedes ser feliz. O, por el contrario, aquello que deseas nunca llega y vives esperando eternamente para poder sentirte pleno y satisfecho con tu vida. ¿Qué tal ver la manifestación como un juego maravilloso que puedes elegir? Pero no como algo que necesitas. Hay una gran diferencia entre elegir algo y necesitarlo.

Te quiero compartir una de las lecciones más importantes que cambió por completo la forma en que me relaciono con la manifestación y la ley de la atracción: el propósito de tu vida es la vida misma. Es decir que tu propósito de vida se está cumpliendo en el instante en el que naciste. Lo único que hace que vivas una vida infeliz es el apego a la idea de que necesitas algo que no tienes, que tienes que ser algo que no eres, o que necesitas llegar a algún lugar en el que no estás.

Sé que te puedes estar preguntando, "¿por qué me dices que no necesito la manifestación? Es casi como si el resultado no importara. ¿Cómo te atreves a decir que no importa?". Me importa tener una familia, me importa tener abundancia y un trabajo estable, me importa conseguir a la pareja de mis sueños. Pero ¿qué pasaría si pudieras elegir ser una persona feliz, alineada y amorosa, aunque lo que quieres no se manifieste? ¿Qué pasaría si no te importara el resultado de tu objetivo, sino quién eres tú en el proceso? Para desapegarte del resultado, es muy útil entender que no necesitas nada, pero puedes elegir crear lo que quieras. Y hay una gran diferencia entre necesitar algo y elegirlo: puedes elegir crear desde quien eres y no desde lo que no tienes o de lo que te hace falta. Cuando creas desde quien eres, puedes tener la certeza de que tu pareja YA ES, porque tú eres la fuente del magnetismo y la atracción; de que tu trabajo YA ES, porque tú eres la fuente inagotable de valor y servicio ante el mundo; de que tu salud YA ES, porque tú eres la fuente del autocuidado y la conexión con la divinidad. Cuando entiendes que tu manifestación eres tú, dejas de esperar a que llegue, empiezas a serla, y así, puedes desapegarte del resultado.

Sacarle lo mejor a la vida

Te tengo una noticia: te vas a morir. ¡Todos nos vamos a morir! Y te tengo otra noticia: estás a una decisión de ser feliz durante el corto periodo de tu vida. Tienes la libertad de vivir sintiendo que siempre te falta algo, o elegir ser alguien que hace de un día lluvioso el más maravilloso de su vida. No te tomes tan en serio, ni a ti ni a la vida. Recuerda que estamos jugando un videojuego humano, pero nuestra verdadera naturaleza espiritual es eterna y luminosa y, sobre todo, no le hace falta nada. Así que, ¿qué tal si, desde hoy, decidimos sacarle el jugo a la vida, hacer de cada situación una oportunidad para el gozo y la celebración? ¿Qué tal si desde hoy decides jugar un juego de grandeza, de excelencia, solo por diversión? Y sobre todo, si decides venir desde la creencia de que YA ERES un ser grandioso, capaz y libre.

Verás, hoy mi vida está lejos de ser perfecta, pero sí puedo decir que está llena de amor, bendiciones y milagros por montones. Hoy vivo una realidad que hace unos años no creía que era posible para mí, y hoy puedo decir, con certeza, que soy la fuente creadora de tanta magia a mi alrededor porque un día decidí empezar a verla y, sobre todo, a SERLA. Porque un día decidí que cada instante iba a ser un regalo y una oportunidad para mí, para crear lo inimaginable y ser la persona más brillante y admirable que conozco, y al permitirme ser tan auténtica, tan conectada con la abundancia y con mi poder magnífico de manifestación, puedo inspirar al mundo a hacer lo mismo; porque, aunque aparentemente tú y yo estemos separados por un cuerpo físico, en realidad somos lo mismo y venimos desde la misma fuente; nuestra esencia espiritual es la misma. Así que he comprendido que mi propósito en esta vida es ser tan libre y expansiva que cada partícula de mi ser tenga tanta certeza de que hago parte de una chispita de la divinidad, para que a través de esta certeza tú y yo podamos recordar de dónde venimos y hacia dónde vamos: el amor incondicional.

Compromiso conmigo

Desde hoy
comprendo que soy un ser completo y perfecto.

Que mi felicidad es mi elección
y mi responsabilidad.

Desde hoy me comprometo a empezar cada día
0-0 el marcador, e irme a dormir cada noche
con la satisfacción de haber hecho de mi día
el mejor de mi vida.

Desde hoy hago de la gratitud mi estado natural,
y entiendo que lo que asumo como la verdad
es la realidad que manifiesto.

Comprendo que no hay ningún deseo
que resida en el futuro,
porque yo soy mi manifestación.

Yo soy abundancia infinita,
yo soy la divinidad en un cuerpo humano,
yo soy un manifestador poderoso,
Yo soy amor incondicional.

Aquí y ahora.

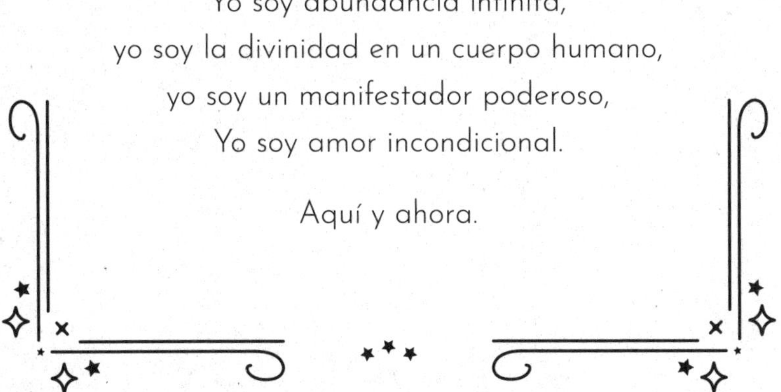

PARA FINALIZAR

Manifestar la vida que deseas es un regalo que te haces a ti mismo. En vez de preguntarte cómo puedo atraer lo que deseo a mi vida, qué tal que la pregunta se convierta en ¿quién elijo ser hoy? No como una meta a la cual llegar, o alguien en quien te debas convertir, sino como una posibilidad que está disponible aquí y ahora. Eres tú quien elige en este momento presente, entre el amor o el miedo, la abundancia o la escasez, la alegría o el dolor. En cualquiera de los casos, es un juego interno. Eres tú quien se arraiga tanto a una versión elevada de ti mismo que el universo no tiene otra opción que reflejarte de vuelta aquello que estás siendo. Y aunque puede que al inicio no veas resultados inmediatos, si tu enfoque sigue siendo en la persona que eres y no en los resultados que obtienes, finalmente la manifestación física llegará.

Yo sé que reaccionar a las cosas que pasan es más fácil. Sé que vivir desde el estado de víctima requiere menos atención y menos consciencia. Sé que vivir desde la completa responsabilidad por todo lo que creas en tu experiencia humana no es el *default*, no es el piloto automático con el que te criaron. Sin embargo, ¿no te parece una manera mucho más poderosa de vivir? Hacerlo desde tu poder personal, ya que sin importar lo que suceda en las circunstancias externas, sin importar cuántas olas o tormentas encuentres en el camino, tú te mantienes enfocado en la dirección hacia la que te diriges, vibrando alto, con tus intenciones claras y firmes, hablándote bonito —así la hayas embarrado una y otra vez—, siendo una fuente inagotable de amor, tomando acción inspirada y alineada con la versión que más admiras de ti mismo. Y sí, definitivamente vas a requerir altos niveles de coraje, valentía, e incluso rebeldía, para no dejarte influenciar por las circunstancias externas. Vas a requerir alinearte una y otra vez, un día a la vez, a la Fuente infinita de amor que sostiene tu vida.

Entonces, ¿para qué vivir así? Porque puedes elegirlo. Y yo no sé tú, pero a mí me gustaría mucho más que cuando llegue el día en el que este videojuego se termine para mí, en el que pongan mi cuerpo bajo tierra, escriban en mi lecho de muerte algo como "Aquí yace una mujer que vivió su vida tal como ella la eligió, desde su plena libertad de elección, conectada a su más elevada versión y a la Fuente inagotable de amor. Tomó todos los riesgos que, aunque le dieron mucho miedo, la hicieron sentir muy orgullosa de sí misma. Ella murió siendo libre", en vez de "Aquí yace el cuerpo de una mujer que antes estaba viva, y ahora, muerta". Ahora, mi pregunta para ti es: ¿cómo eliges jugar este videojuego? ¿Cómo quieres vivir el resto de días que te quedan? Sea lo que sea que elijas, no estás ni bien ni mal; es tan solo una elección.

Pero, como siempre te digo, ¡a mí no me creas nada! Ve y lo experimentas en tu vida, y luego me cuentas cómo te va.

Te amo.

Y creo en ti.

BIBLIOGRAFÍA

Byrne, Rhonda, *El secreto*, Barcelona: Urano, 2006.
Dispenza, Joe, *Deja de ser tú*, Barcelona: Urano, 2012.
Dsouza, Jenny, "Four Stages of Spiritual Growth", *Lifeism*, mayo 17 de 2021. Disponible en: https://lifeism.co/four-stages-of-spiritual-growth
Frankl, Viktor, *El hombre en busca de sentido*, Barcelona: Herder, 1991.
Hawkins, David, *El poder contra la fuerza*, Estados Unidos: Hay House, 2012.
Hicks, Jerry y Esther, *Pide y se te dará*, Barcelona: Urano, 2004.
Hill, Napoleon, *Piense y hágase rico*, Estados Unidos: The Ralston Society, 1937.
Robbins, Tony, *Controle su destino*, Londres: Simon & Schuster UK, 2012.
Williamson, Marianne, *Volver al amor*, Barcelona: Urano, 2011.
Zeland, Vadim, *Reality Transurfing*, Estados Unidos: Create Space Independent Publishing Platform, 2016.

El paso a paso de la ley de la atracción de Alexandra Nizhelskaya
se terminó de imprimir en agosto de 2023
en los talleres de
Impresora Tauro, S.A. de C.V.
Av. Año de Juárez 343, col. Granjas San Antonio,
Ciudad de México